"DESMASCULINIZAR A IGREJA"?

Lucia Vantini
Luca Castiglioni
Linda Pocher

"DESMASCULINIZAR A IGREJA"?

Confronto crítico sobre os "princípios" de H. U. von Balthasar

Prefácio do Papa Francisco

Paulinas

Dados Internacionais de Catalogação na Publicação (CIP)
Angélica Ilacqua CRB-8/7057

Vantini, Lucia
　　Desmasculinizar a Igreja? : confronto crítico sobre os "princípios" de H. U. von Balthasar / Lucia Vantini, Luca Castiglioni, Linda Pocher ; prefácio do Papa Francisco. - São Paulo : Paulinas, 2024.
　　96 p. (Coleção Recepção)

　　ISBN 978-65-5808-308-5

　　1. Mulheres na Igreja Católica 2. Teologia 3. Balthasar, Hans Urs von, 1905-1988 I. Título II. Castiglioni, Luca III. Pocher, Linda IV. Francisco, Papa, 1936- V. Série

24-4083　　　　　　　　　　　　　　　　　　　　　　　　CDD 261.83

Índice para catálogo sistemático:
1. Mulheres na Igreja Católica

Título original da obra: *"Smaschilizzare la chiesa"?: confronto critico sui "principi" di H. U. von Balthasar*

Paoline Editoriale Libri – © Figlie di San Paolo, 2024.

Via Francesco Albani, 21 – 20149 Milano (Italy)

1ª edição – 2024

Direção-geral: *Ágda França*
Editores responsáveis: *Maria Goretti de Oliveira*
João Décio Passos
Tradução: *Jaime A. Clasen*
Copidesque: *Ana Cecilia Mari*
Coordenação de revisão: *Marina Mendonça*
Revisão: *Sandra Sinzato*
Gerente de produção: *Felício Calegaro Neto*
Produção de arte: *Elaine Alves*

Nenhuma parte desta obra poderá ser reproduzida ou transmitida por qualquer forma e/ou quaisquer meios (eletrônico ou mecânico, incluindo fotocópia e gravação) ou arquivada em qualquer sistema ou banco de dados sem permissão escrita da Editora. Direitos reservados.

Cadastre-se e receba nossas informações
paulinas.com.br
Telemarketing e SAC: 0800-7010081

Paulinas
Rua Dona Inácia Uchoa, 62
04110-020 – São Paulo – SP (Brasil)
📞 (11) 2125-3500
✉ editora@paulinas.com.br

© Pia Sociedade Filhas de São Paulo – São Paulo, 2024

PREFÁCIO

A presença e a contribuição das mulheres à vida e ao crescimento das comunidades eclesiais pela oração, pela reflexão e pela ação são realidades que desde sempre enriquecem a Igreja; antes, constituem a sua identidade. No entanto, somos conscientes, especialmente durante a preparação e a celebração do Sínodo, de que não escutamos suficientemente a voz das mulheres na Igreja, e esta ainda tem muito a aprender com elas. É necessário escutar-se reciprocamente para "desvirilizar" a Igreja, a qual é comunhão de homens e mulheres que compartilham a mesma fé e a mesma dignidade batismal.

Pondo-nos de fato à escuta das mulheres, nós homens nos colocamos à escuta de qualquer um que veja a realidade em uma perspectiva diferente e, assim, somos levados a rever os nossos projetos e as nossas prioridades. Às vezes, ficamos confusos. Às vezes, o que ouvimos é tão novo, tão diferente do nosso modo de pensar e de ver, que nos parece absurdo e sentimo-nos intimidados. Mas essa confusão é sadia, faz-nos crescer. Precisamos de paciência, respeito recíproco, escuta e abertura para aprender de verdade uns sobre os outros e para avançar como um único povo de Deus, rico em diferença, mas que caminha junto.

Exatamente por isso quis pedir a uma mulher, uma teóloga, que oferecesse ao Conselho de Cardeais uma caminhada de reflexão sobre a presença e o papel das mulheres na Igreja. O ponto de partida para essa caminhada é a reflexão de Hans Urs von Balthasar sobre os princípios mariano e petrino na Igreja, a qual inspirou o magistério dos últimos pontificados no esforço de compreender e valorizar a presença eclesial diversa de homens e mulheres. O ponto de chegada, porém, está nas mãos de Deus. Rezemos ao Espírito para que nos ilumine e nos ajude a entender, a encontrar uma linguagem e um pensamento eficazes para nos dirigirmos às mulheres e aos homens de hoje, na Igreja e no mundo, a fim de que cresça a consciência da reciprocidade e a prática da colaboração entre os homens e as mulheres.

Estou feliz que, por meio desta publicação, as reflexões de Lucia Vantini, Luca Castiglioni e Linda Pocher, oferecidas ao Conselho de Cardeais, estejam à disposição de todos os que desejarem participar no diálogo sinodal e aprofundar o tema das relações eclesiais entre homens e mulheres, que são muito caras a mim. Trata-se de reflexões que tendem mais a abrir do que a fechar, que desafiam a pensar, convidam a buscar, ajudam a orar.

Eis o que desejo a esta altura do processo sinodal: que não nos cansemos de caminhar juntos, porque, só quando caminhamos, somos aquilo que devemos ser: o corpo vivo do Ressuscitado em movimento, em saída, em encontro aos irmãos e às irmãs, sem medo, pelos caminhos do mundo.

Maria, Mãe da fé, nos acompanhe nesta caminhada!

Papa Francisco
Cidade do Vaticano,
8 de dezembro de 2023

INTRODUÇÃO

No dia 4 de dezembro de 2023, junto com Lucia Vantini e Luca Castiglioni, tive a honra de oferecer ao Papa e ao seu Conselho de Cardeais uma reflexão acerca da presença e do papel das mulheres na Igreja.

Foi-nos pedido que tratássemos de um tema difícil e que exige ser enfrentado respeitando a sua complexidade, isto é, sem cair em simplificações banais. De fato, as mulheres não são uma "classe social" nem um "grupo político", não pensam todas do mesmo modo nem têm a mesma experiência e os mesmos desejos. O Conselho de Cardeais, por sua vez, representa de modo exemplar a riqueza da Igreja e as diferenciações nela presentes, seja do ponto de vista da proveniência geográfica e cultural, seja do ponto de vista da sensibilidade e do modo de pensar.

Essas diferenças – unidas a uma grande disponibilidade de escuta e a um confronto respeitoso e franco – tornaram precioso e instrutivo o diálogo de 4 de dezembro. É por isso que estamos alegres por colocar à disposição de todos o texto das contribuições oferecidas naquela ocasião.

O convite do Papa Francisco pedia explicitamente para aprofundar a reflexão de Hans Urs von Balthasar sobre o "princípio mariano" da Igreja, assumido até pelo magistério no último quarto do século XX e nestas primeiras décadas do século XXI.

A contribuição de Balthasar para o desenvolvimento da compreensão da revelação e da fé no século XX pertence de fato à história do pensamento teológico católico. Suas intuições levaram água viva ao grande rio da tradição da Igreja, embora não faltem elementos debatidos e certas ambiguidades.

O magistério – como já aconteceu com alguns grandes autores (Agostinho e Tomás, por exemplo) – recorreu ao pensamento de Balthasar para alimentar e iluminar a fé dos crentes, mas nunca "canonizou" uma doutrina teológica particular. Sempre reconhecendo o magistério em seu papel de intérprete autorizado da Escritura e da tradição, o pensamento teológico, em contínuo crescimento e evolução, é chamado a apoiá-lo nessa laboriosa tarefa.

Também nós, portanto – fortalecidos pelas contribuições já oferecidas por muitas vozes de teólogas e teólogos (uma parte das quais citadas nestes textos) –, quisemos propor à escuta do Papa e dos seus colaboradores uma reflexão não meramente escolástica, mas também de confronto crítico com o pensamento de Balthasar. Isso faz parte da história, como temos reconhecido, porém a história prossegue; o evidente *impasse* no qual a Igreja se encontra (também), em relação ao modo de pensar e de regular a presença e o papel das mulheres nas comunidades eclesiais, exige uma corajosa abertura ao sopro do Espírito.

A contribuição de Lucia Vantini parte do sofrimento e da insatisfação de muitas mulheres, teólogas ou não, diante de uma interpretação ideológica do pensamento de Balthasar e das suas consequências na vida pastoral e eclesial, para depois propor algumas qualidades espirituais a fim de ir "além" da hierarquização das diferenças que caracterizaram por séculos a forma da Igreja, rumo a uma reciprocidade mais madura e capaz de enriquecer tanto mulheres quanto homens.

A colaboração de Luca Castiglioni considera a articulação entre o princípio mariano e o princípio petrino, à luz do princípio joaneu, com uma atenção específica ao ponto de vista dos homens e, mais ainda, dos presbíteros. Concentra-se no papel que os ministros ordenados podem ter para favorecer caminhos de sinodalidade, em particular mediante o estilo do exercício da autoridade (escutando e valorizando os carismas alheios) e o estilo da relação com as mulheres (sublinhando a potencialidade de uma amizade autêntica e paritária). Como encerramento, apresenta uma provocativa proposta de conversão.

A última contribuição, assinada por mim, é um convite à contemplação de duas cenas bíblicas que têm Maria como protagonista, em busca de indícios sobre o modo como, nas primeiras comunidades cristãs, realizou-se o anúncio paulino segundo o qual "não há homem nem mulher, porque todos vós sois um em Cristo Jesus" (Gl 3,28). Tenho convicção de que a referência a Maria pode ser, como afirma também o documento final da primeira sessão do Sínodo, fonte de inspiração e apelo à convergência no respeito às diferenças para todos os crentes. Contanto, porém, que a sua figura não seja apresentada de modo estereotipado, nem reduzida a um símbolo ou a um princípio, mas restituída à complexidade da experiência histórica e teológica.

A tradição de origem apostólica, afirma o Concílio Vaticano II, "progride na Igreja sob a assistência do Espírito Santo. Com efeito, progride a percepção tanto das coisas como das palavras transmitidas, quer à mercê da contemplação e do estudo dos crentes, que as meditam no seu coração (cf. Lc 2,19.51), quer à mercê da íntima inteligência que experimentam das coisas espirituais, quer ainda à mercê da pregação daqueles que, com a sucessão do episcopado, receberam o carisma da verdade" (*Dei Verbum* 8).

O processo sinodal, no qual a Igreja está envolvida há alguns anos, atualiza de modo particularmente vivo essa mudança de sensibilidades e competências, reunindo à mesma mesa teólogos e teólogas, pastores, leigas e leigos, religiosos e religiosas, empenhados pastoralmente em diversos níveis, junto com pessoas que observam e acompanham de outro modo a vida eclesial.

Os textos que compõem este pequeno livro não são apenas fruto de estudo, mas também de oração e de escuta atenta à experiência de irmãos e irmãs. São textos que nascem não da pretensão de dizer a última palavra, mas sobretudo do desejo de suscitar o diálogo e estimular o confronto: assim os oferecemos a quem quiser lê-los.

Não podem faltar, no encerramento desta introdução, duas palavras de gratidão: a primeira ao Papa, que criou esta oportunidade de comparação e sustentou o nosso desejo de ampliar os seus limites pela publicação; a segunda, à Paulinas Editora, que pôs à disposição toda a sua competência, a sua paixão e o seu profissionalismo.

Linda Pocher, fma
Roma, 12 de dezembro de 2023

ALÉM DO PRINCÍPIO, UMA CONSTELAÇÃO DE DIFERENÇAS

Lucia Vantini

Quando recebi o convite de ir à Casa Santa Marta para participar de um encontro com o Papa Francisco e o Conselho de Cardeais sobre o "princípio mariano-petrino", senti, por um lado, surpresa e, por outro, resistência. A meus primeiros interlocutores – Linda Pocher e Luca Castiglioni –, expressei imediatamente minha perplexidade: por que dar atenção e ênfase a um conceito que já há muito tempo tantas mulheres têm criticado fortemente do ponto de vista bíblico, histórico e eclesiológico, e que também, no plano da experiência, acaba por complicar as relações entre os sexos na Igreja? Além disso, nem sequer Balthasar iria reconhecer-se em uma formulação tão esquemática e redutiva da sua visão, que não se presta a ser retomada de modo rigidamente ministerial. Ao teólogo suíço interessava, de fato, reler os estilos eclesiais na sua pluralidade e sinfonia, com uma sensibilidade mística que desencoraja qualquer paradigma claro e distinto.[1]

Seja como for, estou convencida – e comigo muitas mulheres e até homens[2] – de que esse princípio não abrange a complexidade do presente e que não poderá levar a Igreja para o amanhã, pois compromete a boa aliança entre nós, atrapalha as relações de justiça e corre o risco de funcionar como frágil motivo para reforçar a reserva masculina à ministerialidade ordenada ou para agravar a exclusão das mulheres dos processos decisórios da comunidade.

A questão dos ministérios não está agora na agenda, mas já está no ar e sente-se a pressão: como um fantasma, assombra os nossos quartos, perturba o raciocínio e inibe a franqueza entre nós. Por mais que seja deixado à margem, em todo caso, o tema não estaria em discussão em seus princípios, mas sim à escuta da realidade histórica – inevitavelmente atravessada pela dinâmica de autoridade e poder – e das vozes especialistas em eclesiologia e em história da ministerialidade, que certamente não faltam hoje na Igreja.[3]

---

[1] Ver a troca de pensamentos e de experiências com a mística e médica Adrienne von Speyr.

[2] Cf. CASTIGLIONI, Luca. *Figlie e figli di Dio*: uguaglianza battesimale e differenza sessuale. Brescia: Queriniana, 2023 (publicado em francês, em 2020, pela editora Cerf), com prefácio de Christoph Theobald.

[3] Penso, por exemplo, em Anna Carfora, Cettina Militello, Serena Noceti, Simona Segoloni, Cristina Simonelli, Adriana Valerio. Para suas publicações, poderia remeter genericamente ao *site* do

1. Sofrimentos e intolerâncias: efeitos (in)desejados do princípio mariano-petrino

Este é, portanto, para mim um momento importante, do qual percebo o privilégio, mas, sobretudo, a responsabilidade. Vivo-o como uma ocasião inesperada para levar a palavra e fazer ressoar aqui e agora os *sofrimentos*, mas sobretudo as *intolerâncias* que nós, mulheres comprometidas

---

Coordinamento Teologhe Italiane (teologhe.org) e indicar em particular alguns textos: SIMONELLI, Cristina; FERRARI, Matteo (org.). *Una chiesa di donne e di uomini*. Camaldoli, 2015, pode ser baixado na íntegra no link: bit.ly/3tcVg1T. Cf. também SIMONELLI, Cristina; SCIMI, Moira (org.). *Donne diacono? La posta in gioco*. Padova: Messaggero, 2016 (traduzido em espanhol em 2019, pela Paulinas Editora); SIMONELLI, Cristina; GREEN, Elizabeth E. *Incontri, memorie e prospettive della teologia feminista*. Cinisello Balsamo (MI): Paulinas, 2019 (o volume faz parte da série teológica *Exousia*, que CTI está publicando com Paulinas Editora). Cf. ainda SIMONELLI, Cristina. *Eva, la prima donna*: storia e storie. Bolonha: Il Mulino, 2021 (traduzido em francês, em 2022, por Éditions Salvator); NOCETI, Serena (org.). *Diacone*: quale ministero per quale Chiesa? Brescia: Queriniana, 2017; e EAD. Comprendere le identità in relazione: diaconi e presbiteri. In: ASSOCIAZIONE TEOLOGICA ITALIANA. *Il prete, il suo ministero, le sue relazioni*. Organizado por Serena Noceti, Roberto Repole, Simona Segoloni Ruta. Milão: Glossa, 2023; BUSCEMI, Maria Soave; SIMONELLI, Cristina; ZORZI, Selene. *Il credo delle donne*. Organizado por Paolo Cugini, Feggio Emilia. San Lorenzo, 2022; *La Bibbia e le donne*. Coleção internacional de exegese, cultura e história, dirigida por Adriana Valerio, Irmtraud Fischer, Mercedes Navarro e Mary Ann Beavis, publicada em quatro línguas (em edição italiana com Il Pozzo di Giacobbe, Trapani); RUTA, Simone Segoloni. *Carne di donna*: Raccontando Maria di Nazareth. Milão: IPL, 2021; e, da mesma autora, *Gesù, maschile singolare*. Bolonha: EDB, 2020; PERRONI, Marinella (org.). *Non contristate lo Spirito*: Prospettive di genere e teologia: qualcosa è cambiato? San Pietro in Cariano (VR): Gabrielli Editori, 2007.

com uma pesquisa de gênero, provamos quando encontramos o princípio mariano-petrino.

O que conta, tanto na vida como na Igreja, são as relações e os lugares de troca nos quais essas interações possam ser verdadeiras, reais e honestas. Para isso, o meu desejo é criar uma passagem entre nós, a fim de que os homens que têm um papel ministerial ordenado possam ter acesso àquele mundo feminino que se encontra desconfortável com esse princípio de Balthasar, bem como bastante exaltado e incompreendido, desconhecido, não escutado, subvalorizado, zombado e demonizado.[4]

Sofrimentos e *intolerâncias* se encontram aqui juntos como indicadores de um desequilíbrio que nesta Igreja grita com vozes de mulher, revelando feridas e conflitos abertos. Expresso isso com confiança e sem embaraço, recordando duas circunstâncias em que o próprio Papa Francisco abriu espaço para uma narração livre.

1.1 Voz de mulher, voz de Igreja

Em 2019, no final de um encontro dedicado à proteção dos meninos e das meninas na Igreja, Francisco disse:

---

[4] Raciocinar com uma hermenêutica de gênero significa prestar atenção em como a diferença sexual é nomeada, descrita e invocada para dar forma ao mundo que habitamos juntos, mulheres e homens. A diferença sexual, de fato, não só marca toda a vida como também é uma poderosa fonte de símbolos, de significados e de práticas que devemos sempre interrogar e avaliar com um olhar crítico. Às vezes, de fato, com certas imagens de diferença, gera-se um mundo inóspito, e são muitas vezes as mulheres que se dão conta disso e pagam o preço, embora, quando se verifica um desequilíbrio desse nível, todas as vidas sejam afetadas.

"DESMASCULINIZAR A IGREJA"?

"Convidar uma mulher a falar das feridas da Igreja é convidar a Igreja a falar de si mesma, das feridas que tem".[5] O espaço está aberto, mas é preciso entrar nele por meio de uma experiência encarnada na verdade de si e mediante uma teologia consciente dos desequilíbrios de gênero. Só assim é possível ir além do plano do lamento e despojar-se de todo vitimismo que afasta o sujeito e faz implodir o sentido. Nomear as feridas, então, torna-se um gesto de transformação e de transgressão do mal: o lamento consciente denuncia aquilo que não funciona e ousa um pensamento diferente, uma esperança diferente, um sonho diferente. Os *sofrimentos* relatados, portanto, não imploram por nada, mas põem em movimento um horizonte novo, no qual se abrigam o desejo de compartilhamento, a crítica da injustiça e a profecia fiel a um mundo de diferenças, já alcançado pela graça.

1.2 A abertura de conflitos fecundos

A segunda circunstância de abertura diz respeito à urgência de dar voz às *intolerâncias*, entendidas aqui como uma energia para iniciar um conflito necessário e fecundo.

---

[5] *Intervento del santo padre Francesco all'incontro "La protezione dei minori nella chiesa"*, 22 de fevereiro de 2019 (bit.ly/48ing2Q). O Papa Francisco pronunciou esta frase depois de ter escutado a doutora Linda Ghisoni (bit.ly/3RrzZcD) no contexto específico de um comunicado sobre abusos ocorridos à sombra dos campanários. O discurso do Papa contém algumas referências problemáticas para a perspectiva que queremos abrir aqui – penso, por exemplo, no imaginário tradicional do "gênio feminino", nas metáforas de uma Igreja "mulher", "esposa" e "mãe", ou no feminismo como "machismo com saia" –, mas há o indubitável mérito de uma disponibilidade real para com as nossas vozes.

Como se lê em *Evangelii gaudium* 227, a discussão conflitual é a seu modo uma forma de investimento nas relações, de apostar na força e na resistência de nossos laços. Quando removemos ou exacerbamos um conflito, de fato, muitas vezes é porque a outra pessoa não se interessa muito. O Papa Francisco escreveu: "Diante do conflito, alguns simplesmente olham e seguem adiante como se não fosse nada, lavam as suas mãos para continuar com a sua vida. Outros entram no conflito de modo tal que ficam presos a ele, perdem o horizonte". Em vez disso, devemos aceitá-lo, suportá-lo e "transformá-lo em um elo de um novo processo". Esta passagem exige desvencilhar-se do ordenamento – uma língua inventada por um poder que planeja campos de batalha fictícios na tentativa de manter-se[6] – para assumir uma língua plural, hospitaleira, criativa e impossível de domesticar no já dito. Agora é preciso algo mais: iniciar um daqueles conflitos que não arriscam frontalmente, mas que nascem do desejo de levar o discurso a outro nível, em que os argumentos não podem ser usados para excluir ou cancelar a vida de alguém.

2. De boca em boca: a mística como espaço de subtração

A propósito de palavras instrumentais, a biblista Marinella Perroni, sócia-fundadora do Coordinamento Teologhe Italiane e primeira presidente da associação, recorda justamente que não basta a fortuna de uma fórmula para

---

[6] Cf. GÜMÜSAY, Kübra. *Lingua ed essere*. Roma: Fandango, 2021.

considerá-la boa, porque algumas ideias passam "de boca em boca e de livro em livro" por razões injustas ou, no mínimo, problemáticas.[7] O princípio mariano-petrino, de fato, funciona porque promete simplificar aquela complexidade que nos aterroriza a reportar as diferenças à unidade querida pelo sujeito mais forte ou a ordená-las com precisas polaridades hierarquizantes, e porque consente que qualquer nostálgico proponha de modo elegante aquele horizonte patriarcal e fratriarcal[8] que hoje entrou em crise, mas que não está totalmente extinto nem substituído por um sistema simbólico alternativo.

As teologias de gênero rejeitam esse modelo porque desmascararam o seu jogo fraudado: o princípio mariano-petrino cancela ou neutraliza as mulheres por meio de boas definições e imagens exaltantes. Para tentar explicar o conceito, recordo uma feliz e clara resposta que o Papa Francisco deu

---

[7] Cf. PERRONI, Marinella. A proposito del principio mariano-petrino: per una metodologia della elaborazione-comunicazione della fede che rispetti il dato biblico. In: COORDINAMENTO ASSOCIAZIONI TEOLOGICHE ITALIANE. La fede e la sua comunicazione: il Vangelo, la Chiesa e la cultura. Organizado por Piero Ciardella e Silvano Maggiani. Bolonha: EDB, 2006, p. 93-116. Da mesma autora, cf. Principio mariano – principio petrino: quaestio disputanda? (bit.ly/3RjCmhG) e Il duplice principio. L'Osservatore Romano, 3 dez. 2002 (bit.ly/4740eLW).

[8] "Fratriarcado" talvez seja o nome mais atual de um patriarcado que hoje se transforma e se traveste em vez de morrer. A autoridade paterna das nossas tradições entrou em crise faz tempo, mas alguns filhos homens não assumiram a hereditariedade, repropondo as mesmas regras. Nesse horizonte, as mulheres que quiserem ser reconhecidas no espaço público como sujeitos de palavra, de decisão e de ação deverão forçosamente se igualar àqueles que comandam. A alternativa é a obediência.

ao diretor do *Corriere della Sera*, que o provocava com respeito a certa exaltação da sua figura: "Sigmund Freud dizia, se não me engano, em toda idealização há uma agressão".[9] Sem omitir o motivo da sua evidente humildade pessoal, nessa entrevista Francisco rejeitou uma visão romântica e mitificada de si, porque percebia a sua sombra ameaçadora para a liberdade de ser Papa *na história*. Naquela circunstância, portanto, ele usou uma lógica semelhante à das mulheres cansadas de ser descritas à luz do modelo mariano ou do *gênio feminino*, sentindo-se, talvez como elas, encurralado em um espaço de perfeição que paralisa e condena à impossibilidade de ser o que se é, com as excelências e os limites da própria singularidade. A elevação confina os sujeitos em zonas distantes e inatingíveis, impedindo que se impliquem na trama concreta da história, que sujem as mãos com os processos de governo, de decisão, de poder, tornando-os ao mesmo tempo possíveis vítimas. Como bem explicou René Girard em seus textos, a aclamação do Messias está de alguma forma ligada à preparação da vítima sacrifical.

2.1 O feminino como força de inspiração?

O problema que as mulheres levantam, portanto, em relação ao princípio mariano-petrino, é de que se trata de uma fórmula vazia com efeitos colaterais tristes e injustos. A promessa veiculada parece positiva: um mundo onde mulheres e homens possam ter um espaço justo, sem entrar em competição ou pisar-se os pés, e onde vivam em uma boa

---

[9] A entrevista concedida a Ferruccio De Bortoli foi publicada no *Corriere della Sera* em 5 de março de 2014 (bit.ly/3uZUzcB).

aliança para o cuidado do mundo. Mas o dispositivo é estruturalmente frágil, porque visa obter tudo isso integrando o feminino como "força de inspiração" de um mundo que permanece masculino. *Nós, mulheres, não somos para a Igreja como Beatriz para Dante.* No entanto, é exatamente isso que com tal princípio nos está pedindo um mundo masculino que finalmente se deu conta da anomalia da sua autossuficiência, que sente que deve olhar para além de si mesmo e que deseja sair do quarto dos espelhos, porque agora sofre deveras a distância do mundo. Em outras palavras, o mundo masculino parece pedir ao mundo feminino que se torne luz de uma sombra considerada necessária e inevitável, enquanto este seria o tempo de reprojetar juntos a casa comum. É um pouco o mecanismo do "rochedo de cristal":[10] como se os homens se lembrassem das mulheres apenas

---

[10] Conhecemos a imagem patriarcal do *teto de vidro*: sobre a cabeça das mulheres há um obstáculo – invisível porque transparente como o vidro – que as impede de chegar a certas posições de autoridade e de poder. Conhecemos também a imagem fratriarcal do *muro de vidro*: é o obstáculo que se interpõe entre irmãos e irmãs como um recinto que fecha os espaços. *Rochedo de cristal*, porém, é uma expressão recentemente cunhada por um grupo de investigadores da universidade de Exeter para indicar um preciso dispositivo simbólico que leva a aumentar a liderança feminina nas emergências, para depois devolvê-la a baixos níveis quando, ganhando ou perdendo, se sai da crise. Isso pode ser constatado em muitas empresas, organizações políticas ou comunidades que chegaram à beira de um dos tantos precipícios da história: em uma condição de alto risco de desaprovação, fracasso, impopularidade ou crise, cedem-se às mulheres autoridade e poder. Tudo bem se a crise for resolvida, pois se encontrará depois um modo de reconduzir às margens aquelas que foram elevadas. Se, porém, a situação se revelar irreparável, menos mal: tentou-se de tudo, e o fracasso será de qualquer forma responsabilidade delas. Cf. CONCITA DE GREGORIO. *Malamore*: esercizi di resistenza al dolore. Milão: Mondadori, 2008, p. 123.

quando é preciso reparar o mundo ou reanimar uma Igreja, pensando-as como musas inspiradoras, diques de um poder sempre exposto ao orgulho, cota de diferença salvífica em um mundo de identidades fechadas.

Feitas estas considerações, não é de admirar que o efeito do princípio mariano-petrino seja paradoxalmente idêntico ao que nas tradições passadas declarava a inferioridade das mulheres em relação aos homens: a exclusão. De fato, esse princípio coloca o feminino em uma dimensão tão elevada da terra que certas realidades terrestres tomam um rosto só masculino. De uma posição afetiva e carismática, uma mulher pode certamente exprimir símbolos poderosos, oferecer apoios reais, fazer memória da justiça, mas vive na impossibilidade de sujar as suas mãos com a história, inibida de toda participação possível. Para nós, mulheres, esse papel místico e inspirador torna-se uma negação daquilo que somos e podemos ser verdadeiramente, individualmente e juntas, nesta Igreja, com nossas qualidades e nossos defeitos, com as nossas histórias todas diferentes, com nossas competências, com a nossa dor e a nossa leitura crítica do real. O princípio mariano funciona novamente como apoio do princípio petrino, em uma espécie de abraço que sufoca, assimetricamente, todos os sujeitos.

2.2 A Igreja-esposa e o contrato sexual

A mesma dinâmica reducionista evidencia-se no modelo de uma Igreja configurada pela imagem de Maria[11] e

---

[11] BALTHASAR, Hans Urs von. *Teodrammatica*. Milão: Jaca Book, 2012, v. 3: Le persone del dramma. L'uomo in Cristo, p. 324-331.

definida *esposa*. A metáfora esponsal, em chave eclesiológica, não é uma problemática em si, dado que na Escritura ela é usada para indicar plena adesão – afetiva, psíquica, prática – ao Senhor, sendo, portanto, aplicável a todo crente. Os problemas nascem com a sua absolutização, que obscurece todas as outras metáforas importantes: *povo de Deus, corpo de Cristo, templo do Espírito*... Fora da justa constelação e entendida em chave exclusivamente esponsal, a relação Cristo/Igreja choca-se contra uma série de perguntas incômodas que parecem provir da perturbação de uma referência à ministerialidade ordenada. Por exemplo, por que a receptividade à graça – receptividade que a metáfora esponsal refere a *todo* o povo de Deus – parece diferenciar-se com base no sexo, deixando de ser, nas mulheres, declinável em formas reconhecidas e reconhecíveis de adesão a Cristo? A pergunta pode ser capciosa ou até mesmo absurda, mas só se for postulada uma ministerialidade ordenada radicada em algo que não diz respeito àquela receptividade original com a qual se qualificava a Igreja-esposa. À luz dessa ressalva, a metáfora parece problemática ou ao menos utilizada de modo substancialmente estético. Ademais, com esses discursos, torna-se difícil explicar a pertença eclesial dos homens: enquanto "habilitados" a serem sinal do Cristo esposo, os ordenados pertenceriam a essa Igreja de maneira mais intensa que os leigos?

Em síntese, só as mulheres reais, e não aquelas misticamente idealizadas desde o princípio, conseguirão converter um sistema masculinizado. Mesmo apresentando-se como tranquilizador, o princípio mariano-petrino corre o risco de ser um beco sem saída, uma ponte reformada sobre a qual quase ninguém passa. Funcionou – ou parecia funcionar – enquanto durou o contrato sexual da complementaridade, atestado até no magistério pontifício,[12] ao passo que agora é apenas oferecido como desculpa para justificar no céu o que acontece na terra.

Como explica Carole Pateman, antes dos feminismos as sociedades podiam contar com um *contrato sexual*[13] que garantia papéis, qualidades, destinos às mulheres e aos homens: para elas, o espaço da casa, a tarefa do cuidado e da reprodução, a aposta sobre as relações, as emoções, a imanência, a mística; para eles, o espaço da praça, a tarefa da justiça e da produção, a força da autonomia, da razão, da transcendência, da teologia. Com a sua entrada no espaço público e com o reconhecimento da sua liberdade, as mulheres passaram a questionar esse modelo patriarcal,

---

[12] Observa-se isso, por exemplo, na *Marialis cultus* de Paulo VI, na *Mulieris dignitatem* de João Paulo II, na explicação do sentido e dos valores da púrpura cardinalícia de Bento XVI e em diversas reflexões eclesiológicas de Francisco.

[13] O "contrato sexual" é o lado sombrio do "contrato social" sobre o qual se fundam as nossas democracias: exatamente quando nasce a política com todos os seus mecanismos de delegação do poder, formam-se também os horizontes cultural, social e ético, que assinalam aos dois sexos papéis precisos e não intercambiáveis. Nascido e vivido como ordem simbólica governada pela autoridade paterna, permeada de estereótipos que tornam o masculino superior ao feminino, e hoje corroída pelos feminismos e pela crise do sujeito masculino, o contrato sexual diminuiu na forma, mas não na substância. De fato, reconhece-se isso como um acordo tácito entre "irmãos" que, tendo morrido o pai, colocam-se no seu lugar ao fazer uma trágica aliança para manter as mulheres fora do espaço público. Cf. PATEMAN, Carole. *Il contratto sessuale*: i fondamenti nascosti della società moderna. Bérgamo: Moretti & Vitali, 2015.

provocando um choque que ainda hoje causa abalos. As mulheres pararam de dar-lhe crédito, sem que já tenha surgido um modelo de reciprocidade real – não garantido antecipadamente – verdadeiramente alternativo ao da complementaridade decidida pelo mundo masculino. O resultado é que entre os sexos abriu-se um vazio no qual devemos aprender a habitar sem voltar a fórmulas do passado. Diante do vazio, é preciso criatividade. Não podemos voltar atrás. Não funcionará nem nas famílias, nem nas sociedades, nem nas Igrejas.[14] Não há mais tempo.

2.3 Uma masculinidade objetiva e institucional?

O princípio mariano-petrino teve forte impacto sobre a vida das mulheres, mas certamente também sobre a vida dos homens. Agora são eles que devem registrar, sopesar e recontar criticamente essa história. Muitos não estão prontos para fazer isso, porque têm dificuldade de olhar para dentro de si mesmos, de externar emoções, de confrontar-se com os companheiros de viagem, trazendo à tona a própria vulnerabilidade. Em todo caso, ninguém pode substituí-los nessa tarefa tão delicada e inevitavelmente exposta ao risco da desconstrução identitária. Só o sujeito masculino, de fato, pode anular a certeza de *objetividade* que Balthasar contribuiu para colocar sobre a vida dos homens, despojando-os de tudo aquilo que expressa intimidade, vulnerabilidade, dependência e passividade. No entanto, na Escritura

---

[14] Aprofundei o tema dos difíceis e diferentes percursos de subjetivação masculina e feminina em um texto recente: VANTINI, Lucia. *Educazione*: parole per capire, ascoltare, capirsi. Milão: ITL, 2022 (com um ensaio introdutório de Silvia Zanconato), em particular, p. 60-70.

Pedro não é apenas o homem que no seguimento de Jesus está investido de autoridade, mas é também aquele que é censurado pela sua resistência ao sofrimento do Messias, que se revela capaz de renegar sem nunca ter suspeitado da sua fragilidade e que tem a coragem de reencontrar o seu afeto, apesar da ferida da infidelidade. É preciso um sério trabalho hermenêutico sobre tudo isso para renovar os processos educativos, formativos, éticos e espirituais dos meninos, de modo a desfazer o narcisismo impregnado de orgulho, de onde surgem muitas das tragédias das quais hoje o noticiário nos dá continuamente notícia. Agora está claro que a crise das relações entre os sexos não será resolvida com uma volta ao passado na lógica do domínio e da autoridade de um masculino objetivado e estabilizado, mas com uma cultura do despertar afetivo, da consciência íntima e da possibilidade de fracassar.

O princípio de Balthasar, portanto, é problemático não só porque interpreta o elemento mariano-feminino como afetivo e carismático, mas também porque interpreta o petrino-masculino como exclusivamente ministerial-institucional, confirmando uma estranha moldura que confina o primeiro ao mundo *subjetivo* e o segundo ao mundo *objetivo*. Todavia, como sabemos também pela física, o binômio objetivo/subjetivo não pode explicar a complexidade do real,[15] que exige antes paradigmas de interconexão.[16]

---

[15] BALTHASAR, *Teodrammatica*, cit., v. 3, p. 330.
[16] GREISON, Gabriella. *Ogni cosa è collegata*: Pauli, Jung, la fisica quantistica, la sincronicità, l'amore e tutto il resto. Milano: Mondadori, 2023.

3. Das constelações à coação: a perda da complexidade

O discurso original de Balthasar – que, aliás, visava integrar o ministério do Papa na Igreja universal e não a outra coisa – não apresenta de fato a formulação tão rigidamente dual que frequentemente lhe é atribuída. Basta retomar *O complexo antirromano* para se dar conta disso.[17]

Nesse texto, de fato, o autor inseria os acontecimentos do Ressuscitado em uma verdadeira constelação de figuras, todas importantes no plano simbólico e missionário: sua mãe Maria, João Batista, os Doze, Paulo, mas também José, Maria de Mágdala, Marta e Maria de Betânia, Simeão, Nicodemos, José de Arimateia... O Jesus de Balthasar, então, não é nem um princípio nem um programa, mas um homem verdadeiro, de carne e de sangue, com uma história específica feita de encontros, entusiasmos, libertações e solidariedades; uma história que se encerra com uma morte ignominiosa na cruz e que se reabre com o imprevisto da ressurreição e a retomada das relações de outra forma. Jesus não é um homem só, nem no plano da sua divindade nem no plano da sua humanidade. Não ter em conta essa constelação significa encontrar-se com uma cristologia abstrata.

No plano eclesiológico, essa constelação de figuras assume um significado arquetípico, desenhando uma Igreja de diversos princípios com a ajuda da pericorese trinitária.

---

[17] BALTHASAR, Hans Urs von. *Il complesso antiromano*: come integrare il papato nella Chiesa universale. Brescia: Queriniana, 1974.

Em Balthasar, encontramos de fato o princípio *petrino*, identificado com a dimensão *objetiva* e institucional da Igreja; o princípio *paulino*, identificado com a profecia que exprime a irrupção do Espírito como renovação; o princípio *joaneu*, indicador do traço místico e contemplativo que põe em sinergia a instituição e o ágape; o princípio *tiaguino*, como memória do sentido histórico da salvação; e certamente o princípio *mariano*, que fala de um "se" incondicionado, como síntese de todos os outros aspectos.

Embora seja a cifra de um princípio com o poder da síntese, segundo Balthasar: "Maria desaparece dentro da Igreja, para representar uma presença real, mas sempre pronta a retirar-se para trás do Filho".[18] Esse modo de se expressar desfoca a *sabedoria do agora* que o Evangelho de João reconhecia à figura de Maria e abre espaço para a suspeita de que as mulheres governam ocultamente, como veladas manipuladoras, competentes na chamada "estratégia da avó" que finge obedecer ao marido, mas que na realidade comanda, como o pescoço que – de fato – move e faz mover a cabeça.

Ao longo do percurso da tradição, portanto, a complexidade da tradição perde-se e transforma-se em um binômio simplificado e simplificante, que seduz com a promessa de funcionar como bússola, mas acaba por desorientar as relações entre os sexos.[19] A passagem da circularidade

---

[18] Ibid., p. 158.

[19] É interessante que, na retomada tradicional do discurso, desapareça o princípio paulino, talvez porque Paulo seja o exemplo de uma masculinidade que se tornou apostólica por via mística e, portanto, dificilmente enquadrável em uma formulação rígida e binária, ou talvez

plural para a dualidade hierarquizada trai a tentativa balthasariana de um discurso eclesiológico pericorético, abrindo contradições e desequilíbrios que pouco têm de evangélico. Acontece *no plano do sentido*, em que o feminino místico aparece como "mais importante" que o masculino institucional, mas – olhando bem – nessa idealização mística a força simbólica aos poucos desaparece, vai para o pano de fundo da cena e é desautorizada também como possibilidade de trazer outra versão das coisas. Acontece *no plano prático*, em que se depreende uma comunidade representada no masculino e governada pelo masculino, com teto de vidro, paredes de vidro e rochedo de cristal, que nos fatos confinam o mariano sob o petrino, em uma visão hierárquica que o pensamento de Balthasar de fato não apoia.

Em todo caso, não vale a pena empenhar-se demais em restabelecer o sentido original que esse princípio tinha no discurso do teólogo suíço, porque o seu limite permanece.

> porque nas cartas – suas ou atribuídas a ele – ressoe toda a fadiga de reconfigurar as tradições entre os sexos à luz do Evangelho, e ainda há muito caminho a percorrer. De qualquer modo, o pensamento vai à comunidade de Corinto, na qual as mulheres alcançadas pelo Evangelho parecem ter descoberto uma liberdade inédita, acabando por desautorar alguns códigos patriarcais da sua sociedade. Como observa a teóloga Elizabeth Green, Paulo está provavelmente preocupado com uma eventual desagregação social em nome do Evangelho, por isso busca conter aquela exuberância feminina sustentada pelo Espírito. O convite a fazer as mulheres se calarem (1Cor 14,34) é então relido à luz disso, pois, por um lado, soa como injusta pretensão de moderação da palavra feminina, mas, por outro, revela o poder profético dessa mesma palavra que o Evangelho libertou. Cf. GREEN, Elizabeth E. *Il vangelo secondo Paolo:* spunti per una lettura al femminile (e non solo). Turim: Claudiana, 2009.

O resultado, de qualquer maneira, é o de um imaginário da diferença que confina as mulheres aos bastidores e os homens a gerir sozinhos, ou no máximo com uma moderação feminina implícita, o governo das coisas.

A narração do objetivo petrino e do subjetivo mariano é, portanto, inadequada para contar sobre o mundo e tecer laços de justiça entre nós, dentro e fora da Igreja. Conviria antes retomar a imagem da constelação – da complexidade, da interconexão, do poliedro –, tendo em vista a Igreja que talvez virá: capaz de reconhecer o poder do Espírito, a força libertadora do Evangelho, a coragem e o risco de tornar justas as relações entre os sexos.

3.1 Uma conjunção para olhar além

Desconstruir o princípio mariano-petrino não conduz à negação da diferença sexual como traço de parcialidade e de finitude que assinala toda a vida. O gesto, antes, torna-a livre de significar sem cair em fórmulas hierárquicas antievangélicas. Na tentativa de mostrar que em Cristo nenhuma diferença pode ser usada como orgulho ou como motivo de desvantagem, São Paulo parece preocupado exatamente com isso, e, mesmo sendo um homem do seu tempo – fariseu de origem, habituado à praxe sinagogal com respeito às mulheres e habituado à realidade da escravidão –, restitui a verdade às criaturas indo além do discurso genesíaco de Adão, que pretende definir o nascimento e o papel de Eva.[20]

---

[20] Uma leitura patriarcal da criação já está presente no texto de Gênesis, e infelizmente certos comentários, em vez de desmascará-la, potenciam-na, porque deixam crer que de fato a mulher é um ser derivado

Isso fica evidente ao se reconsiderar criticamente o trecho de Gálatas 3,28: "Não há judeu nem grego; não há escravo nem livre; não há homem nem mulher, pois todos vós sois um em Cristo Jesus". O significado geral é certamente o de que nenhuma diferença étnica, social ou sexual pode ser usada como motivo de vanglória ou de humilhação das vidas: as diferenças são o sinal da fantasia de Deus e nunca um ponto de apoio para aquelas escadas hierárquicas das quais se serve frequentemente a história dos sujeitos vencedores. Mantendo esse horizonte simbólico em mente, no entanto, uma pequena particularidade linguística chama a nossa atenção: na unidade gerada em Cristo, a diferença sexual não parece neutralizada, mas reforçada, pois na frase há uma conjunção em vez de uma negação como nas duplas anteriores: "não há homem *e* mulher". Com esse "e", Paulo talvez buscasse desconstruir a cultura do orgulho e da hierarquia sem neutralizar o fato de que, para o mundo, somos mulheres e homens. Com essa conjunção, ele parece

---

do homem e que ele tenha recebido historicamente o ônus e a honra de conhecer a sua origem e o seu destino. Cristina Simonelli escreve a respeito disso: "Ele, de fato, tomou a palavra, está contente e admirado, não há dúvida. Parece, porém, encenar, talvez além da intenção do próprio redator, uma autorreferencialidade, como se estivesse para o espelho e se bastasse: fala dela – 'desta vez' – e não com ela. A mulher, que fora indicada como 'ajuda que está diante' e, portanto, sem complementaridade e subalternidade idiota, nesta página não é dotada de palavra autônoma" (SIMONELLI, *Eva, la prima donna*, cit., p. 30). Em hebraico, porém, *Adam* é um nome coletivo que nós temos a responsabilidade de traduzir. Sobre este aspecto, cf. TORTI, Rita. *L'uomo e la sua costola*: tardurre, tradire, tramandare, no blog *Il Regno delle donne*, de 5 de outubro de 2021 (bit.ly/41shzgz). Estes temas estão presentes também na literatura exegética masculina: cf. WÉNIN, André. *Da Adamo ad Abramo o l'errare dell'uomo*. Bolonha: EDB, 2008.

convidar a não unificar as vidas das mulheres e dos homens, como se tivesse intuído o que muitas mulheres são por experiência: nas más sínteses, aninha-se sempre o poder do mais forte. Por isso as teologias feministas denunciam todo falso universal que nos tente incluir a todas, como quando, por exemplo, se diz *irmãos*, mas se refere também às *irmãs*. De qualquer modo, a passagem de Gálatas parece pedir-nos para não fingir entre nós uma unidade que ainda está por vir e refletir bem sobre a diferença sexual: qual o nosso modo de significá-la, como a contamos e a traduzimos na prática, na cultura, na sociedade? Em outros termos, esse "e" remete à ingênua – ou maliciosa – facilidade com que às vezes declaramos mulheres e homens iguais entre si, com os mesmos direitos e deveres, na mesma dignidade batismal. O patriarcado e o fratriarcado, que ainda estão entre nós, alimentam-se também desse *sobrevoo* sobre o que a diferença expressa ou é obrigada a expressar.

3.2 Atravessar o vazio com qualidades humanas inéditas

Na história da nossa Igreja, os discursos explícitos sobre a diferença sexual não faltam, para falar a verdade, resultam quase sempre garantidos por certo essencialismo: passa-se indevidamente do dado biológico para o ético-normativo e espiritual. Por exemplo, a potencialidade do corpo feminino de gerar outra vida é traduzida imediatamente como destino natural de cuidado, em um código da relação que tende a contrapor-se ao código da autonomia. É uma síntese indevida, que precisa ser justificada no plano das contingências existenciais. Menos visível, porém grave, é a repercussão desse dispositivo sobre o destino masculino: uma corporeidade que parece destinada a deixar o sinal da própria potência vital sempre fora de si acaba por sentir-se sem alma, com uma interioridade esmagada no plano do reconhecimento social, do poder ou da instituição, e sem acompanhamento formativo, educativo e espiritual da sua parcialidade e vulnerabilidade.[21] Nessa moldura enrijecida, também a masculinidade do Ressuscitado corre o risco de ser uma espécie de espelho para sujeitos semelhantes, mais do que a realidade de um divino que permanece universal mesmo quando se torna parcial e que, na sua condição gloriosa, pode confiar o Evangelho a quem na história não o compreendera, renegara-o, perseguira-o, acolhera-o em uma vida que não tinha crédito bastante para poder apresentar-se como testemunha.

É tempo de imaginar outra história, mais fiel ao devir da salvação, porque também a vida espiritual tem uma evolução própria. O teólogo Carlo Molari escreve com razão que "o coração do homem deve ser renovado à medida que a evolução avança. Há qualidades humanas que séculos atrás

---

[21] Sobre isso, cf. DIOTIMA. *I pensiero della differenza sessuale*. Milão: La Tartaruga, 2003. A diferença tem, sim, uma matriz biológico-corpórea, mas não se reduz a ela. Ela, de fato, exprime-se contando uma história singular feita de vivências, de relações, de palavras, e deixa traços em todo o nosso posicionamento singular no mundo; quando pensamos, falamos, sentimos, agimos, tomamos uma decisão, a diferença sexual está de qualquer modo sempre envolvida. É nesse nível de complexidade que o discurso deveria ser posto, porque, se ficar na superfície, corre-se o risco de não entender e, sobretudo, de esmagar a vida das pessoas.

não eram necessárias ou eram até proibidas".[22] É preciso, portanto, começar a fazer mudanças profundas nas pessoas e nas culturas, pôr em circulação qualidades espirituais novas, ativar novas experiências e novas atitudes interiores.

Nesta contribuição, tentei identificar as qualidades humanas que o presente pede: sair da ideologização mística do feminino e redescobrir as mulheres reais, interrogar a consciência masculina nos seus aspectos subjetivos mais afetivos e vulneráveis, dar vida a uma cultura do *nós*, da complexidade, da interconexão, da liberdade da e na diferença. As forças necessárias para tudo isso já existem, mas, para interceptá-las e dar-lhes vida, é preciso correr o risco da escuta das mulheres mais radicais.

---

[22] MOLARI, Carlo. *Il cammino spirituale del cristiano*: la sequela di Cristo nel nuovo orizzonte planetário. San Pietro in Cariano (VR): Gabrielli Editori, 2020.

OUTROS PRINCÍPIOS, OUTROS PADRES: POR UMA MASCULINIDADE EVANGÉLICA

Luca Castiglioni

A presente contribuição retoma – cuidando para não sobredeterminar a sua interpretação – algumas intuições de Hans Urs von Balthasar que se revelam úteis para adaptar as relações entre mulheres e homens na Igreja à sua norma evangélica, encarnada na comunidade cristã primitiva. Presta peculiar serviço nesse sentido, além dos princípios mariano e petrino, o princípio joaneu, eficaz em indicar a filiação divina como realidade fundadora para a identidade de cada discípulo e discípula, como também para a sua missão ministerial (§ 1).

Sobre tais bases consideram-se alguns problemas presentes na hodierna configuração das relações eclesiais, concentrando-se no papel crucial que os ministros ordenados revestem na construção de relações – também e especialmente entre homens e mulheres –, informadas pela lógica sinodal, que é a lógica eclesial enquanto a única evangélica. Reflete-se, em particular, sobre as formas de exercício da autoridade que o estilo de Jesus Cristo sugere, hoje mais necessárias, como a capacidade de escutar e de ativar os carismas alheios (§ 2); sobre os recursos aos quais os padres podem recorrer, especialmente nas relações com as mulheres (amigas), nesta época de reconfiguração da sua relação e até da identidade masculina (§ 3); sobre a oportunidade de tornar-se disponível a um ato penitencial, exatamente em concomitância com a conclusão do Sínodo (§ 4).

1. A "lição" de Hans Urs von Baltasar

1.1 Ideias que fizeram escola,
para serem recebidas com discernimento

Hans Urs von Balthasar (1905-1988) ofereceu uma contribuição extremamente rica; não poucas das intuições, em sua reflexão – embora debatidas e em certos aspectos datadas[1] –, fazem agora parte do patrimônio da nossa

---

[1] Nesse sentido, o aspecto mais problemático são as referências exegéticas do autor, hoje em grande parte superadas. Em particular, a sua *Teodrammatica*, que também lembra algumas instâncias da exegese narrativa, na prática não se baseia na análise do desenvolvimento dos personagens dentro da dinâmica própria dos relatos evangélicos, mas na elaboração de alguns "princípios" que o autor associa a um número seleto de personagens e que emprega para descrever todas as

tradição. Evidenciamos algumas, referentes em particular ao âmbito eclesiológico, assinalando o seu valor e ao mesmo tempo a cautela que é preciso manter para recebê-las de modo construtivo.[2]

a) Balthasar considera que o mistério de Cristo e o da Igreja podem ser entendidos unicamente na "constelação humana" das relações que Jesus manteve; nesse sentido, na *Teodrammatica* o teólogo aprofunda algumas figuras (na maioria joaninas), atribuindo-lhes o valor de personagens com uma missão fundadora na Igreja: João Batista, os Doze (em particular Pedro e João), a mãe e as irmãs de Betânia. As relações vividas por Jesus Cristo tornam-se, então, indispensáveis para ter acesso a seu mistério; de tais relações, aliás, é necessário considerar a múltipla variedade – que não pode ser circunscrita a algumas tipologias – e a concretude pessoal, irredutível a uma série de "princípios" (petrino, paulino, joaneu, tiaguino, mariano), como se deduz claramente ao ler os sinóticos. Resplandece a

---

dimensões fundamentais da Igreja. Ademais, Balthasar não desenvolve nem a operação de recuperação das personagens femininas da Bíblia, desenvolvida, porém, pela exegese feminista (e não só), nem a exegese de desmascaramento dos estereótipos sexistas, dos quais as Escrituras estão permeadas, o que representa uma grave lacuna quando se entra em uma leitura de gênero do texto bíblico.

[2] Para uma comparação mais aprofundada, permito-me remeter a CASTIGLIONI, Luca. *Figlie e figli di Dio*: uguaglianza battesimale e differenza sessuale. Brescia: Queriniana, 2023, p. 159-189 (Biblioteca di Teologia Contemporanea 215).

centralidade da relação que – ontem, hoje e amanhã – *toda criatura singular*, na sua unicidade irrepetível, mantém *com Jesus Cristo*.

b) Balthasar introduz na teologia uma leitura de gênero,[3] que ajuda a superar a ideia de um humano neutro, na realidade falsamente neutro, porque sempre acabamos concebendo-o segundo a lógica do masculino que prevalece sobre o feminino. Em particular, o teólogo chama a atenção para o fato de que a mulher (seria melhor dizer as mulheres) é parte estrutural da Igreja, ainda que a tendência de Balthasar seja a de atribuir-lhe características específicas atemporais, obtidas de estereótipos de gênero hoje não mais válidos, e um papel fixo que a confina bem longe dos "lugares onde se tomam as decisões importantes" (cf. *Evangelii gaudium* 103-104). Estará salvaguardado, da intuição balthasariana, o valor irrenunciável da *presença da mulher no coração da vida eclesial*; portanto, o fato de os seus carismas não poderem nem deverem ser marginalizados, e que elas possam e devam ter espaço e voz na Igreja do mesmo modo que os homens. Retenhamos também a lição acerca da importância de evitar dizer "a mulher" no singular; o valor dessa simples,

---

[3] Uma atualização do tema encontra-se em RUTA, Simona Segoloni. Il *gender* come categoria euristica in teologia: alcune linee di sviluppo. *Anthropotes* 39/2 (2023), p. 113-133.

mas preciosa, regra de linguagem, na maioria das vezes descuidada, é facilmente intuível.[4]

c) No tocante aos homens, Balthasar parece inclinado a reconduzir a masculinidade à função hierárquica, que, aliás, submete a severa crítica. Daí deriva uma avaliação globalmente negativa e *uma fraca consideração da masculinidade "ordinária"*, isto é, aquela que não está conotada pelo desenvolvimento de um papel hierárquico. Qual valor é reconhecido e qual lugar é atribuído aos batizados homens (não padres) na proposta eclesiológica balthasariana?

d) Como acenado, Balthasar sublinha que a receptividade responsorial é um elemento qualificante da identidade crente; no entanto, ele acaba por *sobrepor o feminino ao criatural*; há certa confusão entre o que se atribui à mulher e o que, por outro lado, é

---

[4] É bom evitar a fórmula "a mulher" (pior se com maiúscula) e nomear a mulher no plural, para não repetir a ideia de que se possa reduzi-la a uma categoria unívoca e atemporal, ou que o feminino possa ser exaustivamente definido por alguns traços (receptividade, emotividade, doçura, cuidado, interioridade...), dos quais depois derivariam papéis fixos, válidos sempre e em todo contexto. Os estudos antropológicos e sociológicos, no pluralismo cultural do mundo globalizado, revelaram os estereótipos, agora insustentáveis, que concorriam para definir "a mulher": em particular, a sensibilidade contemporânea opõe-se frontalmente à hierarquia dos sexos, lógica ainda presente em Balthasar com a afirmação de um primado permanente do masculino e com a condução do feminino ao responsorial. Ademais, hoje estamos conscientes de que o feminino e o masculino não são categorias perfeitamente definíveis, e do fato de que estas estão presentes em cada indivíduo, homem ou mulher.

característico de toda criatura não enquanto feminina, mas enquanto gerada. Exatamente isso sugere aprofundar uma intuição balthasariana que ficou inerte – ou, de qualquer modo, menos explorada que outras – na recepção do seu pensamento.

1.2 Uma intuição que ficou inerte? O princípio joaneu

O princípio joaneu, de fato, não recebeu a mesma atenção reservada aos princípios petrino e mariano, embora Balthasar o descreva como capaz de unir os dois, juntando a instituição com o amor. Agora, esse princípio faz referência ao "discípulo amado", figura do quarto Evangelho que subsiste unicamente pela sua relação com Jesus: é por ele amado e o ama. Nesse sentido, é ícone do verdadeiro discípulo, para além do masculino e feminino; prova disso é também o fato de que, na *Teodrammatica*, não lhe é atribuída nenhuma característica "masculina", como, ao contrário, é o caso de Pedro ou João Batista. Portanto, também Balthasar reconhece a existência de uma realidade decisiva que se coloca acima da diferenciação sexual, sem evidentemente desmenti-la. Nesse sentido, o que o teólogo associa ao elemento feminino mariano – designando-o como típico de toda criatura, ou seja, a responsividade – seria mais inteligente se fosse dito de todo filho ou filha de Deus, indiferenciados ao ser recebidos inteiramente pelo seu Criador, do qual os genitores (ambos) são vestígios. Porque a *realidade prévia ao masculino e ao feminino é a filiação divina*, ao passo que Balthasar tende a atribuir tal dimensão absolutamente criatural apenas à feminilidade enquanto responsividade, criando assim um curto-circuito. A escolha de definir a essência da mulher como resposta (*Ant-wort*) parece de fato fora de lugar: a mulher não pode ser definida como "resposta" ao homem, o qual seria a palavra primeira que a suscita; nesse caso, os dois hão de ser concebidos juntos, em um diálogo paritário, sem esquecer que, no caso das crianças, é a mãe que primeiramente dirige a palavra (feita também de gestos, sons, cuidados), suscitando uma resposta, o que confirma que a responsividade é dita de modo mais pertinente ao filho (homem ou mulher) que à filha.

João vive essencialmente do seu ser amado: não enquanto homem ou mulher (embora seja inegavelmente de um dos dois sexos), mas enquanto *child*, *enfant*, que se recebe inteiramente de Deus Pai, acolhendo o amor do Filho Jesus. João é o discípulo amado que corresponde perfeitamente a Jesus, porque recebe o seu amor e o retribui: eis o elemento decisivo que *qualifica a sua identidade, mas também a de todo crente*. Ao contrário, a escolha de associar esse elemento à feminilidade cria confusão, pelo menos por dois motivos:

1. Induz a pensar que os homens devam concentrar-se em outras coisas e que a eles compete outra função, enquanto também para eles isso é o essencial.

2. Não considera suficientemente o fato de que a história, também a da Igreja, introduziu na diferença sexual uma lógica hierárquica subordinante (realidade nem sequer percebida há algumas décadas, mas com a qual hoje é preciso acertar as contas, recuperando um atraso multissecular), que é confirmada

de modo já inaceitável pela afirmação de um primado masculino e de uma secundariedade feminina.

1.3 Por uma articulação eclesiológica dos três "princípios"

Para tentar uma articulação dos três princípios agora evocados, convém destacar que identidade (pessoa) e função (missão) são inseparáveis, embora distinguíveis, e que uma é o fundamento da outra, a sua razão de ser; porém, se a função se sobrepusesse à identidade, ambas perder-se-iam. Agora, o discípulo amado está todo em sua identidade: ela coincide com a sua função. Ser amado por Jesus e amá-lo de volta define-o a ponto de poder dizer que *a sua função é ser aquele que é: amado que ama*. Em outras palavras, a sua função é mostrar que tal amor – não outro – é essencial para a vida do discípulo. Todo discípulo, com efeito, é fundamentalmente isso (deixar-se amar por Jesus e amá-lo de volta), e, em essência, também Maria e Pedro são chamados antes de tudo a serem discípulos amados, porque também para eles a identidade pessoal depende daquilo que João encarna sem determinações ulteriores.

Maria consegue isso plenamente, e é o que a torna fecunda: ela acolhe como filho seu o discípulo que Jesus lhe confia para conduzi-lo no caminho da fé (cf. Jo 19,26); portanto, *a sua missão é a perfeita frutificação da própria identidade de crente e de mãe*. Com efeito, é Jesus quem deseja que Maria, sua mãe, seja também mãe de cada um de seus discípulos, a quem ela guie e proteja, velando por sua alegria. Da mesma forma, quer que o seu discípulo tenha como mãe a sua própria mãe, o que acontece quando o discípulo recebe Maria e a acolhe entre as realidades mais íntimas e caras dele, deixando-se guiar por ela (cf. Jo 19,27).

Pedro é educado a ser discípulo que se deixa amar, que se deixa lavar os pés (cf. Jo 13,6-10); chega até aí gradualmente, graças ao amor de Jesus crucificado e ressuscitado, que o purifica (cf. Jo 21,15-19). *Quando vive desse amor, Pedro pode cumprir adequadamente a missão (função) de apascentar* os cordeiros, as ovelhas de Jesus, que ele mesmo lhe confia. Os Evangelhos mostram que Pedro consegue progressivamente assumir tal missão, tendo sucesso à medida que se deixa amar pelo Mestre. Também Maria vive um longo caminho de aprendizado, mas desde sempre já encarna a sua missão de mulher discípula e de mãe fecunda, desde o seu "sim" ao chamado de Deus (cf. Lc 2,26-38).

Na esteira de Balthasar, foi enfatizado que "uma mulher, Maria, é mais importante que os bispos" (*Evangelii gaudium* 104).[5] É essencial não banalizar essa ideia, como

---

[5] É preciso, porém, constatar que essa afirmação compara dois elementos que não estão no mesmo plano: toca a Maria o nível da identidade, unido à sua função; para os bispos, a referência é só à função que exercem. Além disso, essa fórmula não atinge a finalidade a que se propõe, ou seja, aplanar – mediante o reconhecimento da altíssima dignidade de Maria – o desequilíbrio nas relações eclesiais entre mulheres e homens. Com efeito, as últimas décadas mostraram que a opção de exaltar o feminino e de magnificar as qualidades excelentes "da mulher" não melhora as relações; antes, revela-se contraproducente, porque imuniza com respeito à percepção do problema, remove-o ao não escutar o "grito" das mulheres reais, que também o Sínodo acentuou claramente. Convém, ainda, mostrar por meio dos fatos que as mulheres na Igreja têm uma dignidade plena em todos os níveis, como a têm os homens.

acontece quando se refere o princípio mariano só às mulheres e o petrino apenas aos homens. Porque *a imitação de Maria é proposta a cada discípulo*, não só às mulheres, nem a elas especialmente: todo discípulo deve fazer seu o princípio mariano, ou seja, acolher e contemplar Maria como crente e como Mãe e guia da sua fé, compreendendo, assim, a qual fecundidade geradora conduz o deixar-se amar por Jesus e amar a ele. Por outro lado, *Pedro é todo discípulo ou discípula que – deixando-se amar por Jesus – recebe e assume por ele um encargo a favor do seu rebanho*: o encargo de apascentá-lo e, mais precisamente, de colaborar com o sucessor de Pedro nessa tarefa, reconhecendo a este último o primado que o próprio Jesus lhe concedeu, como o discípulo amado soube fazer (cf. Jo 20,1-9). Esse encargo não é uma prerrogativa apenas masculina: também as mulheres, especialmente na Igreja das origens, conduziram e podem conduzir – *cum Petro et sub Petro* – o rebanho de Jesus.[6]

---

[6] As Cartas de Paulo, por exemplo, assinalam a presença de mulheres que exercem papéis ministeriais na Igreja primitiva: cf. RICHARDSON, Peter. From Apostles to Virgins. Roman 16 and the Roles of Women in Early Church. *Toronto Journal of Theology* 2 (1986), p. 232-261. GOURGUES, Michel. *"Né uomo né donna"*: l'atteggiamento del cristianesimo delle origini nei confronti della donna. Cinisello Balsamo (MI): San Paolo, 2014, p. 78-129; REYNIER, Chantal. *Les femmes de Saint Paul*: collaboratrices de l'Apôtre des nations. Paris: Cerf, 2020. Ver também os estudos dos sucessivos desenvolvimentos na história da Igreja, por exemplo, LEGRAND, Hervé. "Traditio perpetua servata?" La non-ordination des femmes: tradition ou simple fait historique? In: DE CLERCK, Paul; PALAZZO, Éric (ed.). *Rituels*: mélanges offerts à Pierre-Marie Gy. Paris: Cerf, 1990, p. 393-416; id. Pour une Eglise synodale et fraternelle. In: CAMDESSUS, Michel (dir.). *Transformer l'Eglise*: Quelques propositions à la lumière de *Fratelli tutti*. Paris: Bayard, 2020, p. 103-183.

Essa releitura de três dos princípios descritos por Balthasar permitiu que os fundamentos do discurso eclesiológico emergissem, embora de modo apenas evocativo. Sabendo que podemos basear-nos neles, estamos prontos a *considerar abertamente os problemas*, as dificuldades, os desequilíbrios e as deformidades dos ideais atualmente presentes na Igreja Católica. No Ocidente, a Igreja está vivendo uma "crise sistêmica"; no entanto, está enfrentando-a segundo uma clara orientação evangélica, da qual o sinal mais promissor é o caminho sinodal, que valoriza, ou melhor, realiza a plena subjetividade eclesial de cada batizado, reconhecendo o valor irrenunciável da sua participação e da sua palavra.

Ora, resulta evidente que os ministros ordenados não podem realizar sozinhos a sinodalidade na Igreja, mas, de fato, sozinhos eles podem ainda pôr obstáculos a seu crescimento; deles, portanto, podem-se esperar passos de conversão consistentes e exemplares, que estimulem e sustentem as dinâmicas virtuosas às quais todos e todas são chamados. Nessa direção, vamos oferecer as três indicações anunciadas na introdução.

2. A autoridade que autoriza

A primeira indicação diz respeito ao estilo dos ministros no exercício da sua autoridade, o que está inextricavelmente ligado com a questão da escuta, pessoal e comunitária (aqui nos concentramos no primeiro aspecto).

2.1 A autoridade "circular" de Jesus Cristo, normativa para os seus ministros

Quando se considera o modo como Jesus Cristo exerce a sua autoridade, fica claro que ela se exprime antes de tudo na profunda capacidade de *escutar conjuntamente* a voz de Deus, origem da sua missão, e a das pessoas que encontra, destinatárias da sua dedicação e do poder benéfico que o Pai colocou nas suas mãos. Além disso, a autoridade de Jesus encontra manifestação na sua *palavra franca e livre*, que, por um lado, tem a força de reerguer os pobres e os fracos, e, por outro, nunca entra em conivência com os (pre)potentes do mundo; antes, não tem medo de questionar a ordem constituída. A autoridade de Jesus – o ponto é central – não se exaure na brevidade de uma relação de poder unidirecional e, sobretudo, não fica concentrada só na sua pessoa: ela "se manifesta designando outras autoridades, provoca uma *circulação* das relações de autoridade entre os diferentes atores".[7]

Consequentemente, os ministros ordenados – chamados a exercer a autoridade *segundo o estilo "circular" do seu Senhor* – deveriam presidir as suas comunidades escutando, reconhecendo, ativando e conectando as autoridades já presentes em seus membros (ministros instituídos, ministros de fato, batizados), promovendo, para isso, os

---

[7] GRIEU, Etienne. Repenser l'autorité des ministres ordonnés. *Revue d'éthique et de théologie morale* 317 (2023), p. 70 (tradução e grifos nossos). O autor continua dizendo que tal modo de conceber a autoridade "permite sair da visão corrente segundo a qual os ministros ordenados seriam os motores da Igreja, enquanto os fiéis leigos estariam em uma posição de recepção do que lhes é dado por esses ministros".

carismas dos indivíduos e cuidando comunitariamente da sua regulação.[8] O bispo, o pároco ou qualquer padre só conseguirá fazer isso – eis o ponto central – valorizando a bondade de uma autoridade que não está sempre e só nas suas mãos, mas que já se encontra *presente em outras figuras*, até naquelas "laterais", que não é espontâneo pensar que possam detê-la. Trata-se de figuras que Jesus tem o cuidado de designar (como a viúva que deposita as duas moedinhas no tesouro do Templo, em Lucas 21,1-4) e pelas quais se deixa em certo sentido educar. A formação a um exercício autorreferencial da autoridade, porém, tende ao autoritarismo, com os seus mais ou menos trágicos correlatos de abuso de poder. "Formamos os nossos ministros antes de tudo na perspectiva de poder responder eles mesmos a todas as exigências que encontrarem (mantendo-se sempre em posição de autoridade), ou ainda na perspectiva de poder aprender daqueles a

---

[8] É a imagem que emerge nitidamente também da Constituição apostólica do Papa Francisco *Episcopalis communio* (2018, a seguir EC), e que Theobald sintetiza eficazmente, ilustrando a autoridade do ministro ordenado – convidado a uma conversão que permita ao discípulo *no* mestre emergir – que se manifesta nesta tríplice figura: (1) a figura de *uma autoridade que escuta* e discerne unidamente duas "vozes", a de Deus e, *com ele*, a do povo (e vice-versa; EC 5 e 6); (2) a figura de uma *autoridade que autoriza* e torna possível a escuta recíproca de todos e, exatamente dentro dela, a da Palavra de Deus (EC 5); (3) a figura de *uma autoridade que fala livremente*, caminhando no meio de todos, graças a "uma *comum* obediência ao Espírito em direção a um *consensus Ecclesiae*, a ser recebido sempre de modo novo (EC 7)": THEOBALD, Christoph. Renouveler la théologie des ministères à partir des communautés. *Revue théologique de Louvain*, 54 (2023), p. 1-31; aqui p. 28 (tradução nossa).

quem são convidados (e, portanto, de reconhecer outras autoridades)?"[9]

Supomos que a adoção do estilo de Jesus no exercício da autoridade possa ajudar os padres a *libertarem-se do peso da sobreposição* – exacerbada e exasperante – *de sua função à sua identidade*. Essa dinâmica – da qual já se falou anteriormente (§ 1.3) – está na origem de contrastes e de feridas nas relações com o povo de Deus, especialmente com as mulheres. Agora, quando um padre reconhece que a sua identidade essencial não deriva do ministério que exerce, mas da sua filiação divina (como para cada batizado), então ele pode assumir o seu sacerdócio como "simples" serviço ao sacerdócio comum. E vive em paz. Recebendo a sua dignidade unicamente pelo fato de ser filho de Deus amado e irmão de todos, está livre em relação ao encargo recebido, à responsabilidade de governo que lhe foi conferida e ao exercício do poder. Certamente poderá (deverá) dedicar-se e apaixonar-se (não se apegar) por seu ministério, mas sem temer que o compartilhamento do poder – portanto, também da responsabilidade de governo – diminua algo da sua pessoa. Completamente gratificado por ser filho de Deus e discípulo amado, receberá o ministério ordenado como caminho disposto pelo Senhor para o seu bem e da Igreja, como forma de serviço que empenha totalmente a sua existência em "fazer crescer" – como evoca uma etimologia de autoridade, de *augeo* – suas irmãs e seus irmãos, "autorizando-os",

---

[9] GRIEU, *Repenser l'autorité des ministres ordonnés*, cit., p. 71. Anotamos que já a *Presbyterorum ordinis* 6 oferecia o esboço de uma figura de padre capaz de autorizar os seus colaboradores, de discernir os seus carismas e até de saber se afastar.

exatamente, de modo que cada um seja encorajado a ser plenamente quem é, aquele que Deus chama a ser.

2.2 A autoridade do ministro ordenado no serviço da escuta

Para que esse estilo circular seja recebido na sua verdade (sem que os ministros ordenados o percebam como usurpação do seu poder) e seja real expressão da sinodalidade (sem que os leigos o percebam como graciosa concessão da hierarquia), é decisiva a *capacidade de escuta e de acompanhamento* espiritual pessoal e comunitário, em particular para promover as novas ministerialidades batismais (que certamente não se exprimem apenas no âmbito paroquial). Não é apenas questão de tornar mais eficiente a gestão dos "recursos humanos", nem se trata de mera exortação moral para "escutar-nos mais". A necessidade dessa escuta fundamenta-se em uma radical convicção de fé, ou seja, o fato de que *toda criatura singular recebe de Deus um carisma, na verdade, é um carisma*: cada homem, cada mulher é um dom de Deus para os outros e para o bem comum. Os ministros ordenados – mas também todos aqueles que exercem a delicada arte do acompanhamento espiritual – devem ajudar cada um a reconhecer esse dom que tem e que é, bem como a alegrar-se na gratidão e a investi-lo generosamente. Além disso, é exatamente a adesão à eclesiologia do Vaticano II e às instâncias sinodais que nos obriga não só a investir um tempo de qualidade na escuta e no acompanhamento das leigas e dos leigos, mas também a temer as opiniões não expressas e os silêncios embaraçosos, mais que o inevitável cansaço de toda escuta autêntica, isto é, atenta, empática e disponível a deixar-se pôr em discussão.

Como foi mencionado, isso se refere tanto ao nível individual como comunitário; concentramo-nos agora no primeiro, confiantes de que, para o segundo, o método da "conversação no Espírito" está sendo reconhecido como instrumento altamente precioso, verdadeiro dom de Deus à sua Igreja neste tempo complexo: será o fruto mais belo do Sínodo? Certamente é um ótimo começo. Com respeito à escuta individual, podem ser feitas algumas observações, sem a pretensão de serem exaustivas.

- É sábio o ministro ordenado que *recebe regularmente e em contexto apropriado* as pessoas (um verdadeiro colóquio de uma hora ao menos, uma vez por ano), especialmente os homens e as numerosas mulheres a quem é confiado um ministério. Desse modo, ele oferece a ocasião para reler a vivência e, contextualmente, pedir contas do encargo recebido, que deve ser orientado tanto ao bem da pessoa que o desempenha quanto daquela que serve (tal colóquio é também para ele uma ocasião de deixar-se verificar no seu agir, solicitando a opinião de seus interlocutores).

- Essa escuta é inspirada, como foi dito um pouco antes, pelo olhar de fé que reconhece em cada batizado um *charismaticus* (cf. *Lumen gentium* 7, § 3), assim como pela consciência de que *o ser chamado ao serviço tem valor vocacional* e que, ao aceitar um ministério, a relação com o Senhor se consolida e cresce. E, se pode ser verdade que a instituição de leitores, acólitos, catequistas (e outros) não muda a natureza do serviço que muitos já exercem, a atribuição pública, por parte da Igreja, de um cargo oficial não deixa de ter efeitos psicológicos e espirituais. Pensemos na proteção percebida por quem aceita expor-se pelo Evangelho, como também na liberdade alegre de quem sabe que desempenha o seu serviço por encargo da Igreja, sentindo-se, assim, útil ao próximo e, sobretudo, obediente a Jesus Cristo.

- Essa escuta também é alimentada pela convicção arraigada de que *o ponto de vista de cada batizado é necessário*, pois o seu modo de encarnar o Evangelho nas "realidades mundanas" que enfrenta é único e insubstituível. Caso faltasse isso, a Igreja seria mais pobre, porque a presença capilar dos batizados no mundo é uma inestimável riqueza da Igreja "em diáspora", e também porque a palavra que esses missionários, imitadores dos setenta e dois (cf. Lc 10,1-24), podem expressar a sua "volta" (se alguém os escuta, precisamente) ensina à Igreja o que de outra forma ela ignoraria.

- Essa escuta, portanto, veicula uma estupenda mensagem evangélica, exprimindo ao indivíduo e a toda a comunidade que há verdadeiramente *lugar para cada um* – reconhecido como dom de Deus –, *que todos são necessários*, sejam quais forem os seus carismas, e que a Igreja não é assunto reservado a quem a governa. Certamente, alguns pensam que têm mais necessidade da Igreja do que ela poderia ter deles, o que não é um problema (Jesus curou muitos e os mandou "em paz" aos seus negócios, sem exigir que pertencessem à sua comunidade ou que servissem a ela); porém cada um deve poder perceber que a sua confiança em Cristo é para a Igreja uma realidade inestimável e que o seu testemunho de "simples" crente é acolhido com gratidão e é digno de escuta também no alto.

- Essa escuta, entretanto – como também a que tem lugar na "conversação no Espírito" –, mostra a utilidade de não centrar a tomada da palavra eclesial exclusivamente na "explicação" e na "solução" dos problemas, formas em geral associadas ao exercício masculino do poder. Muitos homens, com efeito, diante dos problemas, acham que podem (devem) tomar o controle da situação, sob o pressuposto de tê-la compreendido bem, e daí oferecer linhas claras de ação para todos e todas. Ora, sem negar o valor da determinação no alcance dos objetivos, muito menos a exigência de racionalidade nos processos que conduzem a isso, é preciso reconhecer que a edificação da comunidade exige *maturação paciente*: só assim pode produzir fruto duradouro. Além disso, a pretensão de que um só, nesse caso o líder, possa compreender uma problemática na sua inteireza é absurda; é bem-vinda, então, a norma de dever escutar atentamente as instâncias dos diversos sujeitos eclesiais. Ela "obriga" a perceber que todas servem; portanto, leva a deixar-se "incomodar" e "contaminar", abrindo-se a outras perspectivas, que iluminam aquela "sombra" que o olhar do indivíduo, na sua limitação, não consegue explorar.

3. A masculinidade quenótica

A segunda indicação que tentamos oferecer diz respeito à ajuda que os padres podem pedir às mulheres e receber delas, especialmente das amigas, para curar uma maneira "tóxica" de entender a masculinidade.

3.1 As compreensíveis resistências masculinas à mudança

A modernidade e, dentro dela, as diversas ondas do feminismo puseram em discussão radical a estrutura sociocultural que por milênios caracterizou o Ocidente, em particular o sistema de relações entre os sexos, que termos como "androcentrismo", "patriarcado" e "masculinidade hegemônica" contribuíram para definir. Esse sistema considera os homens como a humanidade exemplar, dominantes sobre as mulheres (consideradas um complemento, não iguais) e até mesmo detentores de um indiscutível poder sobre os submetidos a eles, incluindo outros do mesmo gênero, e sobre a natureza. Com relação a essa estrutura, as mulheres ocidentais começaram e continuam a buscar *processos inéditos de emancipação* em todos os campos: o sistema patriarcal não existe mais hoje. Melhor: não encontra mais legitimação institucional e cultural, mas há de se reconhecer que a sua lógica não desapareceu, embora encontre muito mais dificuldade em manifestar-se. Diante de tais reorientações, muitos *homens entraram em crise*, sentindo ameaçada a sua hegemonia, mas também a própria identidade (sexual), feita para coincidir com a afirmação da sua "potência viril". Alguns, intimidados, retiram-se da relação, vivendo-a à sombra das mulheres; outros, nostálgicos, sentem um profundo embaraço, nutrem ressentimento e buscam restabelecer a condição precedente (a frustração pelo insucesso desse empreendimento anacrônico desemboca talvez na violência, até atroz); outros ainda, ao contrário, estão dispostos a deixar-se interpelar pelas mudanças e a buscar modelos mais adequados de masculinidade e de relação com as mulheres. O ponto crítico diz respeito à definição da *identidade masculina como poder que domina* ou, mais precisamente, ao fato de que até na "fluidez" do contexto atual os homens devem construir a sua identidade no confronto/choque com essa espécie de imperativo. Com efeito, as mais diversas atividades dos homens são concebidas na base da *libido dominandi*, isto é, na tendência de perseguirem a sua afirmação como sujeitos que "têm poder e predominam", são mais poderosos e mais atuantes que os outros e, para esse fim, aprendem a não deixar transparecer a sua vulnerabilidade.[10]

---

[10] Cf. RUTA, Simona Segoloni. *Gesù, maschile singolare*. Bolonha: EDB, 2020, p. 7-22.

A Igreja enfrenta essa problemática desde sempre, a partir do momento em que a novidade revolucionária introduzida pela vivência de Jesus Cristo – a sua masculinidade "quenótica", que se abaixa para servir e que não aniquila o adversário – logo teve de interagir com o contexto do tempo. O Cristianismo fez penetrar nisso a lógica das relações escatológicas (a filiação divina exprime-se na fraternidade e abole as hierarquias), mas sem conseguir distorcer de modo permanente as estruturas patriarcais. Elas persistem ainda na Igreja (e também no mundo), manifestando-se de muitas formas, sendo uma das mais sintomáticas a concepção da identidade masculina dos ministros ordenados em termos estritamente ligados, se não diretamente *esmagados, no papel clerical*. Um papel que se exprime na administração do poder, na admissão de responsabilidades, na tomada pública da palavra, e que termina caracterizado pela autorreferencialidade e aniquilado pelo imperativo da *performance*. Mas, sobretudo, um papel estreitamente ligado à função *sagrada*. Assim, a questão da identidade (sexual) dos padres está ligada a uma problemática compreensão dos poderes sacerdotais, exaltados de um modo que a tradição antiga não conhece, bem como à sacralização dos seus detentores, percebidos como separados do restante do povo. É claro que, na configuração comunitária da Igreja, sobrevive uma dicotomia entre os membros do clero e os fiéis leigos e, além disso, não se pode considerar extinta a mentalidade que concebe a ordenação (presbiteral e episcopal) não como uma graça derramada sobre alguns escolhidos pela Igreja, para o serviço de todos os fiéis, mas sim como algo que "aumenta" a graça batismal comum, colocando os membros do clero em certa posição de *superioridade*.[11] Poderia um sistema semelhante não incidir sobre a configuração da identidade de um presbítero, especialmente durante o tempo da sua formação? Daí o convite a revisitar a teologia do ministério ordenado, centrando-a inteiramente no serviço ministerial e deixando de lado a insistência em uma hipertrófica "identidade sacerdotal" distinta ou, pior, separada da identidade batismal.

Entendeu-se, portanto – mas é importante ressaltar –, que o motivo fundamental da mudança invocada, ou seja, o abandono das lógicas patriarcais, clericais e sagradas, não é a reivindicação das "cotas femininas" ou a adaptação às exigências democráticas, mas sim a *adesão radical ao Evangelho*. Aliás, só este último – que há dois mil anos manifestou-se no revolucionário estilo relacional da Igreja primitiva – ainda pode fornecer, hoje, a força necessária para desestruturar o sistema, libertando-o das injustiças que o acompanham, e reconfigurá-lo com base nesse fundamento, em uma época

---

[11] A surpreendente obediência dos paroquianos aos seus padres, a brandura de alguns leigos e as suas atitudes obsequiosas (pensemos na afirmações como "peça a ele que está mais perto de Deus, que tem linha direta" ou "o sacerdote é ele, eu sou *apenas* um leigo"), mas também as atitudes e as palavras clericais que exaltam a diferença ontológica, a altíssima dignidade sacerdotal, o padre como *alter Christus*, são sinais da persistência do problema. O aspecto mais grave dessa mentalidade clerical/sagrada é que anula o fato de que o fundamento comum da identidade, da dignidade e da santidade – isto é, o nome de filha ou filho de Deus que cada um recebeu no Batismo – é o dom máximo, insinuando a ideia de que alguns privilegiados, isto é, os presbíteros, recebem uma espécie de dignidade superior e um "passo a mais" para a santidade.

mais favorável, que se move em direção à igualdade entre mulheres e homens.

3.2 A ajuda das mulheres (amigas) para "ouvir" a masculinidade de Jesus como Boa Notícia

O fato é que tal operação é fortemente desestabilizadora, sobretudo para os homens: *tão exigente que chega a dar medo*. Este é o ponto. Por um lado, de fato, é inevitável concordar com a necessidade de reestruturação eclesial, mas, por outro lado, é preciso considerar seriamente os temores inconfessados dos homens, que geram suas profundas resistências a uma mudança que afetaria não só o seu trabalho, mas também o próprio modo de se verem como homens. Muitos ficam abalados, desorientados, fragilizados; por isso, "armam-se". Não é claro sintoma de fraqueza que, para afirmar-se, se tenha necessidade de impugnar qualquer sinal, material ou imaterial, que ateste que se está "acima" dos outros, mais poderosos do que eles? Se esse diagnóstico está correto, torna-se urgente mostrar que o desafio que se acabou de evocar representa, além das aparências angustiantes, *uma ocasião como sempre propícia também para os homens (padres)* e que pode ser recebida como um inédito dom do Espírito, a sua "surpresa" para eles (junto com as mulheres, é claro) neste milênio. Com efeito, a possibilidade e a necessidade de uma mudança nas relações entre homens e mulheres – mas também (ou principalmente) entre clero e leigos: percebeu-se a ligação entre as duas dinâmicas – podem ser recebidas como sinal providencial com o qual o amor divino os convida a estabelecer as relações "paradisíacas" que sonhou para eles. Mais do que reprovação pungente e injunção urgente, os homens (na Igreja) têm necessidade de sentir que, ainda que o Senhor os chame a uma custosa mudança – considerando a discordância de todo machismo patriarcal com relação ao estilo evangélico –, porém não os está olhando com ira, decepção ou desprezo, como talvez temam, visto o tom das recriminações e a gravidade das críticas de que são objeto, mas sim está abrindo a eles um caminho de bem. Jesus Cristo olhou sempre e todos com incansável amor, e, quando pediu uma renúncia ou desapego doloroso, foi para *dar cem vezes mais alegria* (cf. Mt 19,29 e paralelos). Essa sua irrevogável disposição é a única realidade que pode conferir aos homens a coragem de abandonar as suas presumidas riquezas, exatamente porque oferece, em troca, a única riqueza definitiva e incorruptível.

Nesse sentido, as analogias entre a situação dos homens (do clero) na Igreja Católica e a do homem (jovem) rico relatada pelos evangelistas Marcos e Mateus são significativas. Tais páginas sugerem também um modo de proceder: acerca da maneira difusa de entender e viver a masculinidade, trata-se em primeiro lugar de incutir a dúvida de que seja *uma riqueza que entristece* (cf. Mc 10,22 // Mt 19,22).[12] Se,

---

[12] "Até que ponto a *presunção de uma superioridade* tem ainda credibilidade aos nossos olhos e quanto pagamos pela conformidade a um papel de poder com uma miséria que marcou as nossas vidas? Quanto a nossa *sexualidade*, esmagada em um imaginário de domínio, oscilou entre a ânsia de desempenho, a posse e o medo da impotência, impedindo-nos de escutar o nosso corpo? Quanto a afirmação de um papel masculino tem limitado nossas vidas a uma relação com a *função produtiva* como lugar exclusivo de identidade, em uma sociabilidade entre homens privada de intimidade e restrita entre competição e

"DESMASCULINIZAR A IGREJA"?

com efeito, o virilismo patriarcal parece ainda oferecer aos homens algumas prerrogativas em nome da superioridade, do controle, da decisão e do domínio, na realidade ele desdenha a sua relação com as mulheres, defraudando-as da parte mais profunda deles mesmos, da maravilha de uma relação paritária, para não falar das dinâmicas genitoriais, fraternas e de colaboração entre homens e mulheres. Quem, porém, acolhe a amorosa vocação de Cristo de libertar-se das riquezas, compartilhando-as, e segui-lo (cf. Mc 10,21) adota um outro estilo de relações.

Contudo, para reconhecer esse olhar de Cristo – eis o segundo e decisivo passo –, são indispensáveis relações que sejam *traços sensíveis e credíveis*. A fim de convencer os homens a "descer do pedestal" – sem esperar que sejam precipitados ruinosamente ou fiquem aí periclitantes (e perigosos) –, precisa-se de pessoas que saibam encarnar o olhar amoroso e transformador que Jesus lançou àquele homem rico, como Marcos evidencia com força devastadora (cf. Mc 10,21). Pensamos que as pessoas mais bem posicionadas para fazer isso sejam exatamente as amigas dos padres e, mais amplamente, as mulheres que eles acolhem e respeitam como interlocutoras paritárias, sem as rotular como irritantes reivindicadoras em razão das "suas" batalhas, ou como ameaçadoras concorrentes por serem numerosas, convincentes e capazes, ou como sedutoras fatais,

---

conformismo? Quanto a *paternidade*, reduzida à função de disciplinamento, proteção e controle, entorpeceu a experiência da relação com os nossos filhos e a ternura possível dessa experiência?" (CICCONE, Stefano. Dal potrere alla libertà. *Il Regno-Attualità*, 1 (2015), p. 62, grifos nossos).

porque a atração é entendida exclusivamente como algo a temer e evitar. Portanto, o "carisma" das amizades entre padres e mulheres pode assumir hoje um valor particular de cura, de vitória sobre os medos e de antídoto contra a lógica de dominação. Com efeito, uma amiga reconhece no seu amigo padre o direito de ser simplesmente aquilo que é: filho de Deus amado, irmão em humanidade.[13]

Uma constatação – de notável, mas negligenciado, peso psicológico – permite aprofundar a dinâmica que se acabou de evocar: os ministros ordenados na Igreja não têm nunca uma mulher "acima" deles, nunca estão em posição hierárquica inferior em relação a uma mulher (exceto os poucos e isolados casos de mulheres que são secretárias ou subsecretárias nos dicastérios vaticanos). Uma amiga, porém, é por definição igual a ele, até às vezes é preciso que saibam ser subordinados a elas, o que os ajuda a entrar em uma dinâmica relacional equilibrada, exatamente como acontece em tantas famílias de hoje (não todas, infelizmente),

---

[13] Essa visão muito positiva, que pode e quer aquecer o coração, não deve, contudo, ser ingênua: nem todos os padres são educados a adotar esse estilo relacional. Com efeito, não basta que achem desejável ter uma relação amigável com as mulheres; é preciso que cheguem a isso tendo submetido à crítica a sua maneira de assumir a sua masculinidade e a relação com as mulheres, impregnados – muitas vezes sem que saibam disso – do machismo sistêmico que ainda subsiste e que nem sequer se percebe. Com efeito, há grande necessidade de amizade entre sacerdotes e mulheres, mas, se quem pratica a arte dessa relação sempre delicada são pessoas não formadas, a experiência só pode terminar mal: nos melhores casos, com o enorme sofrimento da mulher que permanece frustrada por ter oferecido amizade e intimidade a quem não é capaz de acolhê-las; e, no pior dos casos, com os abusos.

abandonando todo vestígio da lógica "valho se prevaleço" e assumindo a lógica evangélica do "valho, portanto, valorizo". Nesse sentido, os padres compartilham uma graça peculiar deste tempo emancipado com os homens de hoje, especialmente os apaixonados, e desfrutam de uma situação em certos aspectos inédita: *amar as mulheres verdadeiramente como iguais*. Ou seja, não porque, na sua magnânima condescendência, as considerem assim – sabendo que as alavancas do poder continuam incontestavelmente nas suas mãos –, mas porque a sociedade e a Igreja colocam homens e mulheres em uma efetiva situação de igualdade. Viver dessa maneira entre homens e mulheres – sem que uns se coloquem acima das outras (nem como dominadores nem como protetores) ou sob elas (nem por má consciência nem por medo) – é realizar o sonho do Criador evocado pelo Gênesis (cf. Gn 2,18).

Em conclusão, acreditamos que, para solicitar a responsabilidade dos padres no caminho da sinodalidade, seja indispensável *unir à voz do Batista o olhar de Jesus*, compondo a merecida ameaça com a imerecida misericórdia. Porque aos homens cabe uma frustração, sim, mas convém que seja ideal: não deve humilhá-los até deprimi-los, mas sim fazê-los sentir verdadeiro remorso, de modo que cada um possa livremente escolher humilhar-se. Não basta a reprovação (a voz profética que fustiga e ameaça), tampouco a repugnância pelo mal (o horror pelos êxitos mortíferos dos abusos de poder): é indispensável o gosto pelo bem. Com efeito, só o amor fundamenta e sustenta o imperativo moral, que, aliás, sem amor se reduziria a ímpeto voluntarista mais ou menos forte, mas de qualquer modo destinado a se exaurir.

Em outras palavras, não basta estigmatizar os erros do passado, nem acentuar a necessidade de percorrer mais resolutamente os caminhos de justiça de gênero agora empreendidos: é preciso permitir que os padres desfrutem da beleza das reações paritárias e gratificantes com as mulheres e que possam verdadeiramente amá-las, de modo que parem de temê-las e/ou de submeter-se a elas, e até de violentá-las.

4. A oportunidade da profecia

A terceira indicação exprime-se na tentativa de dar impulso e apoio à mudança nas relações eclesiais entre homens e mulheres e entre clero e leigos. Uma mudança esperada e, em certo sentido, já iniciada, mas que talvez – na inédita época de transição que estamos vivendo – necessite de um gesto particular de nossa parte, ministros ordenados, para assinalar uma passagem ocorrida. Ela deveria expressar real proximidade ao povo de Deus, de modo a aliviar as feridas que dificultam a confiança na instituição. Em particular, seria fecundo, em nível eclesial e luminoso também aos olhos do mundo (que busca a igualdade dos sexos professando-a *de jure*, mas perpetuando *de facto* lógicas masculinas), um gesto de espoliação, de abaixamento. Não rumoroso, portanto, mas inequivocamente orientado em sentido "quenótico" e penitencial, isto é, uma disposição real à conversão. Um gesto pelo qual reconhecemos que não podemos pretender um lugar no banquete cujo clima perturbamos, mais ou menos conscientemente, ao colocar-nos nos primeiros lugares (cf. Lc 14,7-11): só podemos recebê-lo.

"DESMASCULINIZAR A IGREJA"?

Um gesto que expresse a humildade requerida e o desejo de nos sentarmos, com as irmãs e os irmãos, no banquete no qual não somos nós os primeiros convidados, mas sim os pobres da história; à mesa para a qual não somos nós que convidamos, mas o Senhor; à mesa que não somos nós que preparamos, mas a Sabedoria.

Ora, é evidente que houve e há bispos e padres dedicados ao serviço – além de toda retórica – e que exercem o seu poder e a sua autoridade precisamente nessa lógica; no entanto, o já mostrado desequilíbrio entre clero e leigos (particularmente mulheres) exige uma reforma que atinja também o nível estrutural:[14] não basta o apelo dirigido à consciência dos indivíduos, por mais que isso permaneça indispensável. É nesse sentido que chamamos a atenção

---

[14] Os leigos não devem ficar sempre em posição inferior ou aparecerem só se quem está em posição superior concede que o façam: em uma Igreja sinodal também os padres e os bispos, e até o Papa, em algumas situações, estão em posição discente, isto é, nem sempre em posição de docente e de poder. Sendo epocal a mudança esperada nessa direção, é preciso que a estrutura, as praxes instituídas e as normas convençam a ir em busca disso. Nesse sentido, é necessário um guia sinodal da Igreja em sentido forte, para o qual as decisões tomadas pelos órgãos colegiais compartilhados sejam aquelas às quais depois todos se submetam efetivamente. São necessários contextos – a partir de vanguardas experimentais – nos quais a escuta seja "obrigatória", isto é, em que a dinâmica sinodal seja efetivamente praticada. A busca dessa finalidade – convém enfatizar com referência particular às mulheres – não pode ocorrer sem regras que obriguem a considerá-las como sujeitos de pleno direito, de modo que, se alguém ainda não as considerasse tais por sua persuasão íntima, pelo menos encontraria nas normas um incentivo a fazê-lo. Estas deveriam referir-se, entre outras coisas, ao uso de linguagens inclusivas, à praxe dos nomes, à variedade dos ministérios e à disciplina dos órgãos colegiais de consulta, de discernimento e de decisão.

para a urgência de expressar – mediante um gesto concreto de *kenosis* – o desejo e a vontade de conversão, além do reconhecimento e da estima fraterna com relação àqueles que ainda desejam compartilhar a mesa. Tal gesto, ao qual cada ministro ordenado deveria aderir, deve ser compreensível para todos os cristãos, melhor ainda, por todo o mundo.

Avançamos, pois, com uma proposta, na ponta dos pés. Parecerá absurda e estranha, mas talvez possa também indicar um ponto sensível da problemática e sugerir um estilo. Ela parte desta constatação: enquanto o hábito dos religiosos suscita na maioria certa simpatia e confiança, o dos bispos e dos padres – especialmente em alta vestimenta (sem entrarmos na questão dos paramentos litúrgicos) – causa certa submissão e constrangimento. A veste talar, em particular, sublinha marcadamente uma separação, uma distância e um papel diferente com respeito ao restante do povo de Deus, dos quais, por motivos históricos, percebe-se, acima de tudo, a dimensão de superioridade hierárquica (ao passo que a mensagem análoga de "diferença" veiculada pelo hábito religioso lembra mais o aspecto profético e escatológico). Ora, o fato de os ministros ordenados se vestirem de um determinado modo não é lei divina, portanto, poderiam ser introduzidas modificações; porém, o que – no eventual debate sobre o tema – teria importância decisiva seria o modo de fazê-lo. Com efeito, seria determinante não pressupor que a última palavra sobre como vestir-se ainda pertença aos ministros ordenados. Em vez disso, eles devem continuar disponíveis para receber o parecer do povo de Deus e, sobretudo, para ater-se a ele. Não seria particularmente significativo e simbolicamente poderoso *perguntar ao povo de Deus como considera útil e como deseja que se vistam os seus ministros*?[15] Não há quem não veja o alto valor simbólico do hábito, que envolve a dimensão da relação com os outros, o modo como se permite ser visto e encontrado. Nesse sentido, a palavra de Jesus no Sermão da Montanha interpela os discípulos de todos tempos com o convite a não se preocuparem nem com a comida, trazendo os pássaros como exemplo, nem com a roupa, exemplificando com os lírios do campo (cf. Mt 6,25-34). Estes se deixam vestir pelo Pai, com toda simplicidade, e não se preocupam em afirmar a sua dignidade – realidade prévia à veste que a simboliza – em relação a quem os vê, nem se cobrem com camadas que os defendam do contato com outros ou com insígnias que

---

[15] Assim como os empregados, que deixam seu uniforme ser designado por aqueles a quem servem; como também os familiares, que se deixam aconselhar, especialmente entre parceiros ("O que eu visto" ou "Estou bem vestido assim?"); e até mesmo como as crianças, que se deixam vestir pelos pais. É preciso, porém, considerar que o povo de Deus, por causa da educação recebida do clero, interiorizou a superioridade e a distância deste último. Portanto, não é improvável que muitos manifestem o desejo de que os padres vistam sempre a roupa talar. A fim de que o povo possa oferecer um parecer isento, ele deveria ser habituado a considerar-se no mesmo nível dos ministros ordenados, uma vez que a estrutura eclesial não favoreceu essa dinâmica; ainda hoje muitos leigos têm dificuldade em considerar-se e em ser considerados como sujeitos eclesiais plenamente adultos. Sendo assim, caso se compreendesse que um elemento de vestuário, como a veste talar, não tem nenhum motivo evangélico para subsistir e que a sua permanência é percebida como um sinal de separação do povo de Deus daqueles que detêm um *status* clerical (diversificado internamente com cores diferentes para os vários graus hierárquicos), não haveria sequer necessidade de perguntar ao povo: dever-se-ia simples e resolutamente abandonar essa peça de vestuário.

façam cintilar aos olhos de todos a sua honra. E o Pai os veste de modo mais glorioso que Salomão.

Intui-se que o discurso inerente ao hábito eclesiástico poderia ir muito longe; aqui, é preciso sublinhar que a escolha de se deixar indicar pelo povo de Deus com que roupa servi-lo poderia ser um verdadeiro sinal de escuta, de docilidade, de humildade. Além da materialidade dessa proposta – que encontraria muitíssimas resistências e ficaria exposta a respostas bastante diversificadas, conforme as áreas geográficas –, convém *pelo menos lembrar-se disso*. Com efeito, é oportuno consultar os cristãos para saber como desejam que os seus ministros ordenados se comportem em determinado ambiente e, em todo caso, é decisivo que disponham de contextos e ocasiões para deixar-se olhar, criticar e corrigir, evitando manter-se sempre na posição de força, em particular com relação às mulheres.

MARIA E AS OUTRAS: DISCÍPULAS E MISTAGOGAS

Linda Pocher, fma

O documento de síntese da primeira sessão do Sínodo dos Bispos afirma que "Maria de Nazaré, mulher de fé e Mãe de Deus, permanece para todos uma extraordinária fonte de significado do ponto de vista teológico, eclesial e espiritual" (9e). O modo como o conceito está formulado permite superar a estreiteza balthasariana do "princípio mariano", sobre o qual se baseou até agora o magistério eclesial, no esforço de achar resposta para as demandas levantadas pelas mulheres no último século. De fato, há uma grande diferença entre o imaginário suscitado pelo termo "princípio" e pelo termo "fonte": de um lado, a dedução descendente, a partir de uma realidade ideal e atemporal, de indicações normativas para a vida; do outro, a possibilidade de obter significado e inspiração de uma realidade viva, originária, que continuamente se renova.

Todavia, quando se trata de Maria, permanece o risco de continuar a ler a sua figura apenas através das lentes utilizadas pela tradição, como, por exemplo, aquelas que veem em Maria principalmente a virgem e a Mãe, servindo como modelo respectivamente para as mulheres solteiras ou consagradas e para as que escolheram a vida em família. Já Paulo VI estava consciente desse risco quando, no n. 34 de *Marialis cultus*, convidava teólogos e pastores a renovar o imaginário mariano, ao juntar o dado escriturístico com a contribuição das ciências humanas e as expectativas das mulheres e dos homens contemporâneos.

Certamente, maternidade e virgindade são dois elementos importantes na experiência de vida e de fé de Maria. No entanto, os estudos bíblicos e teológicos dos últimos cinquenta anos permitem observar a Escritura com um olhar renovado. O Evangelho da infância de Lucas e a narração joanina das bodas de Caná, em particular, deixam transparecer outras características de Maria, como o fato de ser discípula e mistagoga. Esses aspectos podem verdadeiramente iluminar, do ponto de vista teológico, eclesial e espiritual, a experiência de todos na Igreja: homens e mulheres, leigos, sacerdotes e consagrados.

Talvez a interpretação que proporei para alguns versículos muito conhecidos da Escritura possa parecer a alguns bem distante da interpretação tradicional, difundida na catequese e na pregação da Igreja. Não é minha intenção, porém, substituir ou contrapor o fruto de estudos recentes ao que foi recebido pela tradição. Se é real, de fato, que a verdade não é semelhante a uma esfera, mas antes a um poliedro, é certamente possível aproximar diversas sensibilidades e intuições umas às outras, exatamente como acontece com os lados de um poliedro, figura que se caracteriza, também, pela impossibilidade de mostrar ao mesmo tempo ao olho humano todas as suas faces.

O exercício de aceitar que, mesmo em relação à Escritura, sejam contemporaneamente possíveis várias interpretações restitui à experiência de fé, que está na origem da redação do texto sagrado, a sua complexidade e a torna, portanto, muito mais real e mais próxima da nossa.

1. "Bendita entre as mulheres": as mulheres na comunidade de Lucas

1.1 À luz da Páscoa

Como foi observado, os relatos da infância "são, fundamentalmente, textos pascais: representam certamente uma introdução, um prelúdio ao Evangelho, mas, de modo mais geral, são uma expressão da teologia e cristologia do Novo Testamento".[1] A realidade messiânico-divina de Jesus é apresentada aí de modo muito claro e definido, a ponto de os primeiros dois capítulos de Lucas serem mais próximos do Livro dos Atos, onde se proclama abertamente que Jesus é o Senhor, ao passo que no Evangelho a sua identidade é revelada lentamente.

---

[1] VALENTINI, Alberto. *Vangelo d'infanzia secondo Luca*: riletture pasquali delle origini di Gesù. Bolonha: EDB, 2017, p. 9.

Além disso, os relatos da infância compartilham com as aparições pascais uma cenografia apocalíptica, caracterizada pelas aparições de anjos e revelações do alto. O episódio da adoração dos pastores, por exemplo, desenvolve-se segundo a dinâmica testemunhal típica dos relatos pascais. Por meio dele, o "evangelista nos apresenta uma imagem elevada e ideal da primeira comunidade cristã",[2] que, à luz da ressurreição do Senhor, começa a interrogar-se sobre o mistério da sua encarnação e descobre o papel "que tiveram Maria e José em relação ao menino".[3]

Portanto, se o Evangelho da infância de Lucas nos fala, nas entrelinhas, da vida e da fé das comunidades primitivas, deve ser possível descobrir nas suas páginas também algum indício de como era feita a integração de mulheres e homens em um único corpo eclesial, segundo a palavra de Paulo aos gálatas: "Não há judeu nem grego; não há escravo nem livre; não há homem nem mulher, pois todos vós sois um em Cristo Jesus" (3,28). Para fazer isso, voltaremos a nossa atenção, de modo particular, ao episódio da visitação, em que as protagonistas indiscutíveis são exatamente duas mulheres.

Uma boa hermenêutica do texto, no entanto, exige que se tenha presente não apenas a luz pascal que ilumina a narração dos acontecimentos, mas também a relação dos Evangelhos da infância com o restante do Evangelho e com

---

[2] PRETE, Benedetto. "Oggi vi è nato... il Salvatore che è il Cristo Signore" (Lc 2,11). *Rivista Biblica* 34 (1986), p. 325.

[3] SERRA, Aristide. *Maria delle sacre Scritture*: testi e commenti in riferimento all'incarnazione e alla risurrezione del Signore. Milão: Servitium, 2016, p. 85.

toda a obra lucana, uma vez que "não apenas a teologia, mas também a linguagem, o estilo, a própria personalidade de Lucas refletem-se – segundo a sugestiva imagem de Schürmann – 'nesta pré-história contemplativa e serena'".[4]

1.2 Discípulas ou "acompanhantes"?

No que diz respeito, em particular, ao tema da participação das mulheres no grupo de discípulos, a crítica feminista trouxe à luz o fato de que, nas comunidades de Lucas, "a pretensão das mulheres de participar da evangelização devia representar de algum modo um problema eclesial".[5] Enquanto Marcos, de fato, intui uma ligação evidente entre o papel das mulheres galileias e a teologia do discipulado (Mc 15,40), Lucas, a partir da mesma tradição, prefere apresentar as mulheres que seguem Jesus como acompanhantes ricas que assistem o mestre e seus seguidores com seus bens, em vez de destacá-las como discípulas no mesmo nível dos homens (Lc 8,1-3; 23,49).

Quando, porém, no sumário que precede a cena de Pentecostes, Lucas apresenta a composição da primeira comunidade cristã, dentro do grupo das mulheres que, diferentemente dos apóstolos, permanecem anônimas, Maria é a única a ser chamada pelo nome (cf. At 1,14). Isso nos leva

---

[4] VALENTINI, *Vangelo d'infanzia secondo Luca*, cit., p. 9.

[5] PERRONI, Marinella. Discipole di Gesù. In: VALERIO, Adriana (org.). *Donne e Bibbia*: storia ed esegesi. Bolonha: EDB, 2006, p. 207. Da mesma autora, ver também, mais amplamente: Discipole ma non apostole: l'opera di Luca. In: PUERTO, Mercedes Navarro; PERRONI, Marinella (org.). *I Vangeli*: narrazione e storia. Trapani: Il Pozzo di Giacobbe, 2012, p. 177-214.

a pensar que o evangelista reconhece nela certa autoridade dentro da comunidade apostólica, algo que o leitor atento do primeiro volume da sua obra não hesitará em ligar aos acontecimentos extraordinários de que ela foi protagonista nos Evangelhos da infância.[6]

Paradoxalmente, enquanto a contribuição das mulheres parece ser minimizada nos relatos do ministério público de Jesus, nos Evangelhos da infância o protagonismo feminino é indiscutível.

1.3 Mulheres entre as mulheres

Desde o início, de fato, o evangelista convida-nos a deixar o lugar por excelência reservado aos homens – o Santo dos Santos no Templo, onde o sacerdote Zacarias foi reduzido ao silêncio – para voltar a uma casa na periferia, a fim de escutar uma jovem em diálogo face a face com um mensageiro de Deus. Além disso, depois de ter escutado o anúncio, Maria parte sozinha, e às pressas, em direção a Jerusalém, antecipando a viagem decisiva do Mestre para o seu destino de morte e de glória. Nas proximidades da cidade – Ain Karim encontra-se a apenas 8 quilômetros do Templo –, encontra outra mulher, Isabel, que, enquanto o marido permanece em silêncio, domina completamente a cena. Enquanto isso, o outro marido, José, é praticamente esquecido.[7]

---

[6] Cf. PRETE, Benedetto. Il sommario di Atti 1,13-14 e suo apporto per la conoscenza della Chiesa dellle origini. *Sacra Doctrina* 18 (1973), p. 98-108.

[7] Já Efrem, o Sírio, compreendera que a encarnação transforma o equilíbrio das relações de gênero: "A mulher serve na presença do marido / porque ele é a sua cabeça. / José levantou-se para servir na presença

Encontramo-nos, assim, diante do "protagonismo de duas mulheres que, repletas de Espírito profético, com voz alternada e inspirada, proclamam o cumprimento da salvação em Cristo Senhor".[8] A relação que elas estabelecem entre si é complexa e não pode ser reduzida ao gesto de serviço de uma jovem cheia de atenção para com a velha prima. Maria, de fato, parte antes de tudo para ir ver o sinal anunciado pelo mensageiro divino em apoio a sua fé, como acontece normalmente nos relatos bíblicos de vocação. Ao mesmo tempo, leva consigo o mistério de uma intervenção extraordinária de Deus na sua vida: carrega no seio o início da nova criação, antecipação e garantia da ressurreição de Cristo, da qual o leitor já participou, em virtude da fé e do Batismo (cf. Rm 4,17).[9]

Ao entrar na casa de Isabel, Maria encontra-se precedida pela ação do Espírito, assim como os discípulos de Emaús, ao voltarem a Jerusalém com a intenção de anunciar o Ressuscitado, se encontram precedidos pela sua vinda. "Cheia do Espírito Santo", Isabel bendiz Maria, o seu Filho e a sua fé. As palavras atribuídas por Lucas ecoam o louvor dirigido a Jael e Judite, "mulheres famosas na história de Israel que ajudaram a libertar do perigo o povo de Deus".[10] Maria sente-se confirmada na fé e reconhecida pela prima

---

do seu senhor, / que estava dentro de Maria" (EFREM IL SIRO. *Inni sulla Natività e sull'Epifania*. Introdução, tradução e notas de Ignazio De Francesco. Milão: Paoline, 2003, XVI, p. 16).

[8] VALENTINI, *Vangelo d'infanzia secondo Luca*, cit., p. 132.

[9] POCHER, Linda. *Dalla terra alla madre*: per una teologia del grembo materno. Bolonha: EDB, 2021, p. 110-112.

[10] JOHNSON, Elizabeth. *Vera nostra sorella*: una teologia di Maria nella comunione dei santi. Brescia: Queriniana, 2005, p. 491.

na sua identidade mais profunda, que não diz respeito simplesmente ao fato de ser mãe, mas muito mais ao fato de ser colaboradora de Deus para a salvação do povo. E é essa consciência de acender o pavio que faz explodir o louvor.

O que surge com indubitável clareza da interação entre Maria e Isabel, portanto, é "a capacidade das mulheres de interpretar a Palavra de Deus para outras mulheres".[11] A cena da visitação é, por isso, uma cena de Pentecostes. É a prova de que, em Pentecostes, também as mulheres, assim como os Doze, receberam o Espírito que as tornou capazes de profetizar: de discípulas, transformou-as em apóstolas, missionárias, mistagogas, capazes de introduzir outras e outros no acolhimento do Espírito. Por outro lado, o profeta Joel, citado por Pedro no seu discurso de Pentecostes, tinha predito isso (Jl 3,1-2; At 2,17-18). Também as filhas de Israel, jovens e idosas, profetizam e o fazem, até hoje, diante do povo de Deus, em escuta do fato recontado, mesmo se o fato se passa – na reconstrução do evangelista – dentro das paredes domésticas.

A expressão "bendita entre as mulheres", então, mais que exaltar a unicidade de Maria, poderia também indicar a sua conexão com todas as outras que, por força do seu encontro com Cristo, foram como ela e com ela benditas. Na primeira comunidade cristã reunida em Jerusalém, no Cenáculo, Maria poderia ter sido uma das personalidades de destaque. O canto do *Magnificat*, reconhecido agora pelos estudiosos como canto de ressurreição próprio da oração das primeiras comunidades cristãs, provavelmente tinha um significado particularmente caro ao grupo das mulheres. E,

---

[11] Ibid., p. 492.

talvez, tenha sido composto por uma ou mais delas e depois, retrospectivamente, integrado por Lucas no relato do encontro entre as mulheres, proposto aos seus leitores como ícone e síntese da sua presença e ação na comunidade eclesial.

1.4 O modelo da divisão dos espaços e das tarefas

Se, portanto, tentarmos deslocar a nossa atenção dos acontecimentos contados às comunidades, que de algum modo os forjaram enquanto destinatárias privilegiadas do evangelista, podemos considerar que nelas estivessem presentes mulheres que partilharam plenamente a dignidade e as funções dos seus irmãos homens. Uma realidade, aliás, confirmada por Paulo, que, no final da sua Carta aos Romanos (cap. 16), nomeia várias delas: Febe, diaconisa responsável pela missão de Cencreia; Júnia, apóstola já antes conhecida e estimada por ele; Prisca, que participou do seu trabalho com o marido Áquila; Maria, Trifena, Trifosa e Pérside, em serviço como apóstolas na comunidade de Roma.

Como explicar, então, a reticência de Lucas em conceder mais explicitamente ao grupo de mulheres que seguiam Jesus desde a Galileia o mesmo *status* dos discípulos masculinos? Mais que de reticência, talvez se possa falar de certa ambivalência – encontrável, aliás, também em Paulo (cf. 1Cor 14,34-35)! –, que se torna um contraste claro na transição da vida itinerante para as primeiras comunidades estruturadas e, sobretudo, de Jerusalém para o restante do mundo.[12]

---

[12] Cf. DESTRO, Adriana; PESCE, Mauro. Dentro e fuori le "case": transformazione dei ruoli femminili dal movimento di Gesù alle chiese primitive. In: PUERTO; PERRONI (org.), *I vangeli*: narrazione e storia, cit., p. 306.

A tensão criada no interior da comunidade em contato com contextos que refutam ou ridicularizam a presença de mulheres no espaço público poderia ter levado Lucas a desejar uma divisão rígida dos âmbitos e competências com base no gênero, na qual as mulheres possam servir a comunidade pondo os seus bens materiais à disposição de todos, enquanto a troca de bens espirituais, ou a possibilidade de serem missionárias e mistagogas, era a elas permitida apenas junto a outras mulheres. "A Igreja primitiva assegurava assim, à época, a respeitabilidade necessária ao seu crescimento."[13]

2. "E os seus discípulos acreditaram nele": as mulheres nas comunidades de João

2.1 Uma tradição diferente

É sabido como o Evangelho de João, a partir da experiência única de vida itinerante em seguimento do Mestre, culminando na sua Páscoa de morte e ressurreição, desenvolveu, ao longo de duas ou três gerações de crentes, uma tradição autônoma e diferente com respeito à registrada pelos sinóticos. Como estes, porém, também João, à medida que lembra e medita os acontecimentos vividos por Jesus e pelos seus contemporâneos, pinta o retrato da comunidade cristã, na qual essas recordações e meditações recebem forma de texto escrito.

---

[13] LEGRAND, Hervé. Donne e ministero: la vera questione. *Il Regno – Attualità*, Hervé, 16 (2020), p. 456.

Diferentemente dos sinóticos, o quarto Evangelho apresenta relatos mais desenvolvidos e tende a tratar de modo mais aprofundado e complexo os seus personagens, tanto masculinos quanto femininos. No círculo dos discípulos, estão presentes tanto mulheres como homens: "Ao lado das particularidades de cada um, estão presentes elementos comuns que vão além das determinações de gênero. Todos discutem (em sentido lato) com Jesus questões teológicas, em cujo centro há sobretudo a correta compreensão da pessoa. Mulheres e homens confessam a sua fé nele, levam outros a Jesus e desempenham, portanto, uma parte ativa no anúncio".[14]

Como Marcos, João não transmite nenhuma recordação da vida oculta do Senhor e começa o seu Evangelho com o testemunho do Batista. Apesar disso, a primeira mulher a entrar em cena no seu Evangelho é exatamente a Mãe de Jesus. A sua figura é apresentada à atenção dos leitores no fim da chamada "semana inaugural", que culmina no sinal de Caná. Este evento antecipa e sintetiza o significado e o fim da missão do Filho, que se cumprirá na sua glorificação, para a qual ele mesmo convida os leitores a olhar por meio do apelo ao mistério da "hora".

2.2 O sinal das bodas

Também o relato de Caná, como o da visitação, pode ser lido a partir da experiência da comunidade pós-pascal.

---

[14] HARTENSTEIN, Judith. Figure maschili e figure femminili nel quarto vangelo: prospettive di genere. In: PUERTO; PERRONI (org.), *I vangeli*: narrazione e storia, cit., p. 439.

O primeiro indício de que essa seja a chave que também o evangelista tinha em mente encontra-se exatamente no início da perícope, na referência ao "terceiro dia": o dia da ressurreição, precisamente.[15] A festa de casamento, ademais, lembra o tema do banquete escatológico e o motivo bíblico da inversão das sortes – que se encontra também no *Magnificat* –, com o fracasso da festa que se transforma em bênção superabundante. A água dos jarros para a purificação transfigurada em vinho novo lembra a passagem já realizada na primeira comunidade cristã: dos ritos antigos ao único sacrifício do único Cordeiro, que rompeu de uma vez por todas com a escravidão de morte do pecado.

Se o início da perícope envia o leitor diretamente à Páscoa, a sua conclusão (Jo 2,12), apresentando a primeira formação da comunidade dos discípulos em seguimento de Jesus, junto com a sua mãe e seus irmãos, revela a intenção requintadamente eclesiológica do autor. Além disso, é bom notar que os grupos que compõem essa comunidade primitiva coincidem com aqueles indicados por Lucas no sumário que precede o relato de Pentecostes. Uma diferença significativa consiste no fato de que as mulheres estão ausentes como grupo autônomo – poderiam estar incluídas entre os discípulos, sem especificações ulteriores? – e que a mãe não é chamada pelo nome. Uma das particularidades do quarto Evangelho, por outro lado, está exatamente no fato de que Maria nunca é chamada pelo nome. Os termos "mãe" e

---

[15] Cf. SERRA, Aristide. *Le nozze di Cana (Jo 2,1-12)*: incidenze cistologico-mariane del primo "segno" di Gesù. Padova: EMP, 2009, p. 161-170.

"mulher", prediletos do evangelista, sugerem interpretar a sua figura como um ícone da nova comunidade nascida pela Páscoa e, também, do papel mistagógico dos crentes em relação àqueles que se aproximam dela com o desejo de ver e conhecer quem é Jesus. O forte peso simbólico atribuído a essa figura, no entanto, não exclui absolutamente a possibilidade de que ela tenha sido modelada exatamente a partir da impressão vivida pelos discípulos em relação à presença e à ação de Maria dentro da comunidade apostólica, assim como sugerido também por Lucas nos Atos dos Apóstolos. Também porque o quarto Evangelho se orgulha de uma relação particularmente íntima e prolongada no tempo, a partir da Páscoa, entre sua testemunha privilegiada – o misterioso discípulo amado – e a Mãe do Senhor.[16]

No que diz respeito à caracterização de Maria, o relato das bodas em Caná acentua particularmente a sua atenção ao momento concreto da existência e a sua capacidade de intervir, de modo decisivo, mas discreto, tecendo relações e abrindo espaços nos quais cada membro da comunidade possa encontrar o Senhor e aprender a pôr-se a serviço do próximo.[17] A reflexão feminista reconhece nela uma mulher que sabe infringir as expectativas em comparação com a feminilidade idealizada: "Longe de calar, fala; longe de ser passiva, age; longe de ser receptiva aos olhos do homem, vai contra os seus desejos, levando-o no final para o seu lado; longe de causar

---

[16] BINNI, Walther. *La Chiesa nel Quarto Vangelo*. Bolonha: EDB, 2006, p. 163-172.

[17] Cf. MARTINI, Carlo Maria. *La donna della reconciliazione*. Casale Monferrato (AL): Piemme, 1995, p. 10-11.

uma situação desagradável, assume o seu ônus, organizando as coisas para levar benefício a quem o necessitava, inclusive ela mesma. As suas palavras têm um acento de profecia; deplora o fato, anunciando ao mesmo tempo uma esperança".[18]

Também a relação entre a Mãe e o Filho não é apresentada de modo idealizado. Maria se mostra, acima de tudo, capaz de estar frente a frente com Jesus, que há muito tempo não é um menino necessitado de proteção e cuidados, mas um homem adulto e independente. Ele, por sua vez, ao chamá-la de "mulher", coloca-a no mesmo plano das outras discípulas, que o quarto Evangelho logo nos levará a conhecer. Com o mesmo termo, o Ressuscitado se dirigirá a Maria Madalena no jardim do sepulcro. Além disso, Maria obtém o sinal em virtude de sua fé ou de ser discípula, e não de um suposto privilégio ou obrigação à qual Jesus se sujeitaria em nome da piedade filial.

A palavra dirigida aos servos, de fato, é um convite à fé, que suscita adesão de acordo com o testemunho. E é esse testemunho que obtém aos neodiscípulos o acesso à comunidade dos crentes em Jesus. Sem deixar de ser a mãe, mas aceitando que a relação com o Filho se transfigure assim como a água se torna vinho, Maria une-se como discípula exemplar entre os outros discípulos à companhia das suas irmãs: "A samaritana, Marta de Betânia, Maria de Betânia, Maria de Mágdala e um grande número de outras mulheres, lembradas e esquecidas, reconhecidas pelo amor e pelo testemunho apostólico que deram de Cristo".[19] Discípula e

---

[18] JOHNSON, *Vera nostra sorella*, cit., p. 540.
[19] Ibid., p. 546.

mistagoga, portanto, mas não sozinha, junto com outras e outros que constituem a comunidade: "Depois disso, desceram a Cafarnaum, ele, sua mãe, seus irmãos e seus discípulos, e ali ficaram apenas alguns dias" (Jo 2,12).

2.3 Jesus e as mulheres

Se é verdade, portanto, que João apresenta com a mesma atenção e cuidado personagens masculinos e femininos, isso não significa que não seja possível identificar algumas características que unem os discípulos de Jesus. A primeira consiste em uma modalidade específica de acesso à pessoa de Cristo, isto é, por *via pulchritudinis*: "O impacto da cristofania na vivência das protagonistas é descrito em chave estética, que é propriamente o anel de conjunção entre a experiência discipular e o enquadramento conjugal dos relatos".[20] As mulheres do quarto Evangelho têm fascínio por Jesus e percebem uma atração em relação à sua pessoa, da qual, porém, Jesus nunca se serve para ter controle sobre elas, revelando-se como um homem ao mesmo tempo temeroso e não violento, capaz de apreço sereno, de amizade e de respeito, em contraste aberto com o que hoje chamamos de patriarcado e os seus preconceitos.[21]

Nos encontros com as mulheres descritos por João, portanto, a fé é uma dinâmica de reconhecimento recíproco: enquanto reconhece a dignidade, o desejo de plenitude

---

[20] PANZARELLA, Salvatore. *Il Maestro Sposo*: la cristologia delle donne nel Vangelo di Giovanni. Assis: Citadella, 2020, p. 201.

[21] Cf. RUTA, Simona Segnoloni. *Gesù, maschile singolare*. Bolonha: EDB, 2020.

e de partilha espiritual e a disponibilidade para a missão das mulheres, Jesus é reconhecido e proclamado por elas Mestre e Senhor (Jo 20,16).[22] O espaço que desse modo se cria dentro da relação permite que Jesus revele abertamente a sua identidade, coisa que, em João, acontece apenas com a samaritana e com Marta (Jo 4,26; 11,25). Em troca do acesso à sua intimidade, Jesus recebe das mulheres uma fidelidade até o risco da vida e a sua capacidade de permanecer também no momento mais difícil, no umbral entre a vida e a morte, quando a maior parte dos homens, assustados, foge.

A segunda característica consiste no fato de que o encontro com o Senhor as impele a sair de seus papéis tipicamente femininos: pelo que sabemos, a samaritana não regulariza a sua posição matrimonial, mas torna-se intrépida anunciadora do Evangelho;[23] Maria de Betânia, figura introvertida e silenciosa, "com o gesto da unção realiza uma ação simbólica que tem caráter profético. De modo diferente que nos Cânticos 3,4, a Maria Madalena não é consentido que se jogue nos braços do seu amado reencontrado, mas recebe um anúncio e o transmite. Com respeito à Marta, a história tem início com a discussão teológica e com a sua confissão de fé, enquanto no segundo encontro ela desempenha

---

[22] Cf. VIGNOLO, Roberto. "Egli si mostrò ad essi vivo dopo la sua passione" (At 1,3). In: RONCHI, Ermes (org.). *I racconti di Pasqua*. Milão: Paoline, 2008, p. 68.

[23] Cf. DELGADO, María José. La samaritana al pozzo dell'acqua viva. In: CALDUCH-BENAGHES, Nuria (org.). *Donne dei Vangeli*. Milão: Vita e Pensiero, 2018, p. 71-78.

um papel menor [...], mas o termo 'servir' (*diakoneo*) poderia implicar um encargo bem mais importante".[24]

2.4 O modelo do compartilhamento de responsabilidades e de tarefas

O Evangelho de João, portanto, testemunha, com relação a Lucas, a escolha de uma comunidade de vida e o anúncio em conjunto, homens e mulheres, da fé em Jesus Cristo, sem divisões de campo ou apropriações de tarefas. No entanto, isso não significa que a presença de homens e mulheres na Igreja joanina não fosse fonte de tensões intraeclesiais ou extraeclesiais. O próprio Evangelho dá testemunho dessas tensões, quando conta a admiração dos discípulos ao encontrar Jesus conversando com uma mulher junto ao poço de Jacó (Jo 4,27), ou quando relata a discordância de Judas em relação ao gesto da unção em Betânia (Jo 12,4-5).

Em suma, não se diz "que fosse considerada normal uma discussão teológica entre Jesus e as mulheres além da atividade delas como missionárias. O Evangelho de João poderia também querer promover uma irmandade entre discípulos e discípulas na sua relação comum com Jesus como alternativa a uma comunidade estruturada hierarquicamente. O fato, porém, é que, para o evangelista, tal igualdade masculina/feminina é possível e desejável".[25]

---

[24] HARTENSTEIN, *Figure maschili e figure femminili nel quarto vangelo*, cit., p. 446.
[25] Ibid., p. 451-452.

3. O único querigma no poliedro das comunidades de ontem e de hoje

Do ponto de vista estritamente histórico, a presença de mulheres entre os discípulos itinerantes contemporâneos a Jesus é atestada pelos Evangelhos e considerada verossímil pelos estudos mais recentes. Contudo, provavelmente se tratava não de jovens solteiras, e sim de mulheres adultas, livres das obrigações familiares; podiam ser viúvas com filhos adultos ou então mulheres casadas que tinham os filhos já crescidos, ou que não os havia tido, a quem os maridos permitiam deixar a casa; ou, talvez, podia tratar-se de casais que seguiam juntos a Jesus.

É muito provável que, em um primeiro momento, a experiência de discipulado vivida por elas incluísse uma igualdade de fato e uma partilha de vida com discípulos homens que, depois, com o passar do tempo e a progressiva institucionalização da Igreja, cederam passagem a formas de convivência consideradas mais "respeitáveis" pelo contexto social e cultural no qual as comunidades – sempre mais estáveis – formavam-se e cresciam.

Do ponto de vista teológico, a grande novidade cristã, a verdadeira novidade cristã, que a Igreja continua a proclamar em fidelidade à tradição apostólica, é o *kerigma* da morte e ressurreição de Cristo. É a possibilidade de ter acesso, pela fé, à ressurreição do Senhor, que liberta à medida que afugenta o espectro do medo da morte (cf. 1Cor 15,54-57; Rm 8,31-38). Para as mulheres cristãs, desde o primeiro momento, a liberdade dos filhos e das filhas de Deus tomou uma tonalidade particular, porque, se a morte é vencida para sempre, então o matrimônio e a procriação não são mais um mandamento, uma obrigação que, com a sua carga de trabalho em todos os níveis, impede de ter acesso a outros tipos de presença no mundo, tanto em casa como na sociedade (cf. 1Cor 7,34).

Se a maternidade não é mais uma obrigação, torna-se uma possibilidade, uma escolha, e entre homem e mulher não há mais diferença, sendo ambos um em Cristo Jesus. É a partir dessa boa notícia que se deve compreender a explosão da consagração virginal na Igreja antiga, o que era considerado possível também para as pessoas batizadas depois do Matrimônio, desde que não afetasse a condição fisiológica do corpo, mas sim refletisse a decisão de pôr-se completamente a serviço do Reino, assim como Cristo.

Na comunidade dos ressuscitados com Cristo, portanto, não se diz que as mulheres são felizes porque pariram. Também não se diz que são felizes porque conservaram a sua virgindade. São felizes porque creram, oferecendo, assim, o seu corpo e o seu coração a Deus para que ele possa realizar grandes coisas nelas e por meio delas (cf. Lc 11,27-28).

A comunidade de Lucas e a de João, com dificuldade e discernimento, à escuta das tensões internas à própria Igreja e na comparação com a tradição e com a cultura, souberam imaginar formas diferentes, mas igualmente capazes de anunciar ao mundo essa novidade. Se não tivesse sido assim, não teríamos podido conhecê-la, não teria chegado até nós e não poderíamos, consequentemente, estar aqui hoje falando e refletindo a respeito (cf. Rm 10,14-15).

É evidente que tarefas desse tipo não acabam de uma vez por todas. Escutar de novo a Boa Notícia e procurar a forma ou as formas eclesiais mais adaptadas para que hoje possa ser ainda anunciada é o que a Igreja está buscando com dificuldade fazer por meio do processo sinodal. Mesmo que as soluções localizadas possam ser apenas parciais e imperfeitas, é exatamente essa incompletude e imperfeição que deixa a porta aberta ao futuro, às novidades de Deus, à contribuição que os crentes e as crentes são e serão chamados a dar, de geração em geração.

SUMÁRIO

Prefácio 5

Introdução 9

Além do princípio, uma constelação de diferenças 15
Lucia Vantini
   1. Sofrimentos e intolerâncias: efeitos (in)desejados
      do princípio mariano-petrino 17
      1.1 Voz de mulher, voz de Igreja 18
      1.2 A abertura de conflitos fecundos 19
   2. De boca em boca: a mística como espaço de subtração 20
      2.1 O feminino como força de inspiração? 22
      2.2 A Igreja-esposa e o contrato sexual 24
      2.3 Uma masculinidade objetiva e institucional? 27
   3. Das constelações à coação: a perda da complexidade 29
      3.1 Uma conjunção para olhar além 32
      3.2 Atravessar o vazio com qualidades humanas
          inéditas 34

Outros princípios, outros padres:
Por uma masculinidade evangélica 37
Luca Castiglioni
   1. A "lição" de Hans Urs von Baltasar 38
      1.1 Ideias que fizeram escola,
         para serem recebidas com discernimento 38
      1.2 Uma intuição que ficou inerte?
         O princípio joaneu 42
      1.3 Por uma articulação eclesiológica
         dos três "princípios" 44
   2. A autoridade que autoriza 47
      2.1 A autoridade "circular" de Jesus Cristo,
         normativa para os seus ministros 48
      2.2 A autoridade do ministro ordenado no serviço
         da escuta 51
   3. A masculinidade quenótica 55
      3.1 As compreensíveis resistências masculinas
         à mudança 55
      3.2 A ajuda das mulheres (amigas) para "ouvir"
         a masculinidade de Jesus como Boa Notícia 59
   4. A oportunidade da profecia 64

Maria e as outras: discípulas e mistagogas 69
Linda Pocher, fma
   1. "Bendita entre as mulheres": as mulheres
     na comunidade de Lucas 71
      1.1 À luz da Páscoa 71
      1.2 Discípulas ou "acompanhantes"? 73
      1.3 Mulheres entre as mulheres 74
      1.4 O modelo da divisão dos espaços e das tarefas 77

2. "E os seus discípulos acreditaram nele": as mulheres nas comunidades de João 78
   2.1 Uma tradição diferente 78
   2.2 O sinal das bodas 79
   2.3 Jesus e as mulheres 83
   2.4 O modelo do compartilhamento de responsabilidades e de tarefas 85
3. O único querigma no poliedro das comunidades de ontem e de hoje 86

Rua Dona Inácia Uchoa, 62
04110-020 – São Paulo – SP (Brasil)
Tel.: (11) 2125-3500
paulinas.com.br – editora@paulinas.com.br
Telemarketing e SAC: 0800-7010081